Alexandra Schechtmann und Anatoli Uschomirski

Unsere Sehnsucht nach Frieden

Alexandra Schechtmann · Anatoli Uschomirski

Unsere Sehnsucht nach Frieden

Glaube und Einheit inmitten des Ukraine-Kriegs
Mut machende Perspektiven

SCM

Stiftung Christliche Medien

SCM Hänssler ist ein Imprint der SCM Verlagsgruppe,
die zur Stiftung Christliche Medien gehört, einer gemeinnützigen Stiftung,
die sich für die Förderung und Verbreitung christlicher Bücher,
Zeitschriften, Filme und Musik einsetzt.

© 2023 SCM Hänssler in der SCM Verlagsgruppe GmbH
Max-Eyth-Straße 41 · 71088 Holzgerlingen
Internet: www.scm-haenssler.de · E-Mail: info@scm-haenssler.de

Soweit nicht anders angegeben,
sind die Bibelverse folgender Ausgabe entnommen:
Neues Leben. Die Bibel, © der deutschen Ausgabe 2002 und 2006
SCM R.Brockhaus in der SCM Verlagsgruppe GmbH, Holzgerlingen.
Außerdem wurde verwendet:
Lutherbibel, revidiert 2017, © 2016 Deutsche Bibelgesellschaft, Stuttgart. (LUT)

Lektorat: Christina Bachmann
Umschlaggestaltung: Sybille Koschera, Stuttgart
Titelbild: @ adobe stock, korop58
Autorenfoto: © Alexandra Schechtmann
Satz: typoscript GmbH, Walddorfhäslach
Druck und Bindung: GGP Media GmbH, Pößneck
Gedruckt in Deutschland
ISBN 978-3-7751-6182-4
Bestell-Nr. 396.182

INHALT

VORWORT: AUF EINMAL IST ALLES ANDERS

Der 24. Februar 2022 hat unser Leben hier in Deutschland nachhaltig verändert. Uns ist bewusst geworden, wie fragil unser Frieden ist. Wir sehen, wie viel Leid Krieg hervorrufen kann, und befinden uns plötzlich mittendrin in einer politischen Spaltung und einer Krise, die ganz Deutschland erschüttert.

Für unsere Familie waren die ersten Wochen des Krieges gegen die Ukraine besonders herausfordernd, denn durch die Flucht unserer Verwandten aus Kiew zu uns nach Deutschland wurden wir zu Echtzeitzeugen eines modernen Krieges und mussten sowohl unsere Identität als auch unsere Zukunftsvorstellungen neu ausrichten.

Aber statt allein zu verzweifeln, erfuhren wir eine Welle von Mitgefühl und Unterstützung, von der wir nie geahnt hätten, sie so erleben zu können. Wir haben nicht nur unsere Position in diesem Krieg gefunden, sondern auch einen Teil unserer ukrainischen Identität und damit verbunden eine Familie. Aus unserer Bereitschaft zu helfen ist eine Familie erwachsen, die in diesem Leid einen Zusammenhalt findet, den sie bisher nicht gekannt hat. Dieses wertvolle Geschenk wollen wir auch in Zukunft festhalten, egal in welchem Land diese Zukunft weitergehen wird.

Auch jetzt, Ende des Kriegsjahres 2022, sind die Gefechte in der Ukraine noch lange nicht ausgefochten und täglich sterben unschuldige Menschen durch Bombenexplosionen. Und dennoch oder vielleicht gerade deshalb haben mein Vater Anatoli Uschomirski und ich uns entschlossen, unsere Erfahrungen in diesem Jahr niederzuschreiben. Wir wollen den Leserinnen und Lesern nicht nur einen einmaligen Einblick in die ersten Wochen der ukrainischen Flüchtlinge in Deutschland geben, sondern eine alternative Sichtweise bieten, die einen Weg zum Frieden aufzeigt. Einem Frieden, der menschliches Verständnis übersteigt und Freiheit möglich macht.

Alexandra Schechtmann, im Oktober 2022

KRIEGSBEGINN

Alexandra

Der Morgen des 24. Februar 2022 beginnt wie ein gewöhnlicher Wintertag.

Nachdem unser Sohn einen Magen-Darm-Infekt aus dem Kindergarten mitgebracht hat und alle ihn mittlerweile hatten, erwischt es nun auch mich. Mit fiesen Magenschmerzen verkrieche ich mich auf die Couch, wo ich vorhabe, den Rest des Tages zu verbringen.

Ich starte Instagram und plötzlich springen mir Bilder von brennenden Gebäuden entgegen. Zunächst bin ich mir sicher, dass es der Nahe Osten sein muss. Ich bin daran gewöhnt, dass es dort immer wieder zu Unruhen kommt. Dann sehe ich ein Foto, auf dem sich Menschen auf dem Boden einer Metrostation zusammenkauern. Sie sind so viele, dass kein Stück Boden zu sehen ist. Aber ich erkenne die gewölbten Decken und die Kronleuchter – das ist Kiew! Und nun weiß ich: Meine Geburtsstadt steht unter Beschuss!

Schon seit Wochen ist vom angespannten Verhältnis zwischen Russland und der Ukraine berichtet worden, aber so richtig hat keiner an einen Krieg geglaubt. Noch am Tag zuvor habe ich eine kurze Reportage dazu gesehen, die den einfachen Titel trug: *Warum Putin die Ukraine nicht in Ruhe lässt*. Darin hieß es, dass die Grenze zwischen beiden Ländern die längste seit Ende des Kalten Krieges sei. Russland habe im Jahr 2014 unrechtmäßig die Halbinsel Krim annektiert und seitdem bestünde ein angespanntes Verhältnis zwischen den Nachbarländern. Es gebe Menschen an dieser Grenze, die lieber in Russland lebten, und andere, die lieber in der Ukraine lebten. Das Ganze hörte sich nach einem verhältnismäßig einfachen Maschendrahtzaun-Nachbarschaftsstreit an, den man mit Zugeständnissen auf beiden Seiten schlichten könnte. Und es hörte sich ewig weit weg an.

Ich kenne die wunderschönen Hügel und Lagunen der Krim aus meiner Kindheit. Jeden Sommer habe ich mit meinen Eltern unberührte Orte besucht, Felsen erklommen und bin im azurblauen Meer geschwommen. Damals war es nicht schwer, einen abgelegenen Strand zu finden, um die Einsamkeit der Natur genießen zu können. Ich habe schon öfter darüber nachgedacht, meinen Kindern dieses Stückchen Erde zu zeigen. Dass das seit Jahren nicht mehr ohne Weiteres möglich war, habe ich nur als Information abgespeichert, aber kaum darüber nachgedacht. Es gab zu viel auf »unserer« Seite der Welt zu entdecken. Europäische Strände waren ein guter Ersatz dafür und der Verlust der Krim schien mir nicht allzu groß zu sein.

Aber das, was ich nun sehe, hat nichts mehr mit der weit entfernten Krim zu tun. Noch kurz zuvor schrieben ukrainische Medien, dass es sich um einen reinen Informationskrieg handele. Man rief die ukrainischen Bürger auf, ruhig zu bleiben und den Drohungen vonseiten Russlands nicht nachzugehen. Doch was wir alle für unmöglich gehalten haben, hat die russische Regierung nun in die Tat umgesetzt: am frühen Morgen des 24. Februar 2022 hat Präsident Putin den Befehl für einen Blitzüberfall auf die Ukraine gegeben. Er nennt es eine »spezielle Operation zur Entnazifizierung des Landes und zum Sturz des neofaschistischen Regimes der Ukraine«. Bomben schlagen in vielen ukrainischen Städten ein und töten Zivilisten, in der Hauptstadt Kiew brennen zahlreiche Gebäude.

Sofort wähle ich die Nummer meiner Cousine Olga in Kiew und stelle die Frage, die ich in den nächsten Tagen sehr oft werde stellen müssen: »Wie geht es euch, wo seid ihr?«

Sie sind zu Hause, packen aber gerade ihre Sachen und wollen aufs Land fliehen, irgendwohin Richtung Westen. Olga erzählt, wie sie um fünf Uhr morgens von einem lauten Knall geweckt wurde und die Welt nicht mehr verstand. »Was packt man für eine Flucht ins Ungewisse?«, fragt sie mich und ihre Stimme bricht. Ich höre, wie sie versucht, die Tränen zu unterdrücken.

Ich versuche, sie zu beruhigen, sage, dass das ein Versehen sein muss, dass ein Krieg zwischen zwei verbrüderten Völkern unmöglich sei. Sie schweigt und ich begreife schnell, dass meine Worte aus Deutschland, aus meiner sicheren Wohnung, von meiner kuscheligen Cordcouch aus fehl am Platz sind.

Olga fragt mich, wie es uns geht, und ich berichte von unserem Alltag. Ich erzähle, wie ich am Nachmittag das eine Kind in den Schwimmverein bringen muss, während das andere zum Turnen will, wie stressig und vollgepackt unser Alltag ist.

Sie antwortet: »Wie schön, all die normalen Unternehmungen, die wir die letzten Tage auch gemacht haben! Ich wünschte, ich hätte diesen Freizeitstress wieder, statt hier zu sitzen und nicht zu wissen, wohin.«

Ich schäme mich. Ich schäme mich, weil mir trotz der Bilder der Ernst der Lage nicht bewusst geworden ist, weil mir Anteilnahme noch zu früh erschienen war und ich alles durch die Brille meines vermeintlich sicheren Lebens gesehen habe. Wir verabschieden uns und ich versinke in weiteren Nachrichten und Posts.

Es wird von Bombenanschlägen in Kiew, Charkiw, Odessa, Dnipro und all den anderen geschichtsträchtigen, alten Städten berichtet. Ich habe keine Ahnung, was passieren wird. Bei Instagram wächst die Followerzahl des ukrainischen Präsidenten Wolodymyr Selenskyj im Minutentakt. *Wir sind allein bei der Verteidigung unseres Landes. Wer kämpft mit uns? Um ehrlich zu sein, sehe ich niemanden*, lautet der erste Kommentar, der von seiner Seite veröffentlicht wird,[1] und es ist der traurigste, den ich jemals vom Präsidenten eines Landes gehört habe. Ich kann mir nicht vorstellen, wie die Ukraine einen so mächtigen und großen Angreifer wie Russland abwehren soll. Haben sie denn überhaupt eine Armee?

In Kiew leben meine beiden Cousinen mit ihren Familien, mein Onkel und meine Tante. In den letzten Jahren hat sich der Kontakt zu der jüngeren Cousine Olga intensiviert. Olga ist dreiunddreißig Jahre alt und somit sieben Jahre jünger als ich.

Als wir am 16. Juni im Jahr 1992 am Kiewer Hauptbahnhof in den Zug stiegen, um ein neues Leben in Deutschland zu beginnen, war Olga zwei Jahre alt. Wir schrieben uns nicht und den Besuch in unserer Heimatstadt konnten sich meine Eltern über viele Jahre nicht leisten. Beim nächsten Treffen in Kiew war Olga neun und ich sechzehn Jahre alt. Wir verbrachten zwei schöne Urlaubswochen dort, schwammen gemeinsam im Fluss Dnjepr, schleckten Eis auf den grün bewachsenen Hügeln und aßen unendlich viel *Kiewskij Tort*, eine sogenannte Kiewer Torte, die bis heute nach einem Geheimrezept hergestellt wird.

Nach dem Urlaub kehrte ich in mein Leben hier in Deutschland zurück. Ich war beschäftigt mit dem Abitur, dann dem Studium, dann meiner Hochzeit. Olga war zwar eingeladen, konnte aber aufgrund der finanziellen Situation nicht kommen. Nachdem Facebook die sozialen Medien im Alltag etabliert hatte, fand ich sie dort. Sie hatte ein einziges Bild ausgestellt. Es war das Bild von ihrer Hochzeit. Sie trägt darauf einen wunderschönen blauen Blumenkranz, der das Blau ihrer Augen betont, und sieht wunderbar ukrainisch aus. Ihren Mann sah ich auf dem Bild zum ersten Mal und auch er trug einen passenden, legeren Anzug und hatte einen wunderbaren Lockenkopf. Und sie war schwanger. Zur gleichen Zeit wie ich. Unsere Töchter kamen im Abstand von sechs Wochen zur Welt. Ab da schrieben wir uns häufiger. Wir tauschten uns zu Babythemen aus und gaben mit Meilensteinen unserer Babys an. Zwei Jahre später beschloss ich, sie an Silvester zu besuchen. Silvester ist das wichtigste Fest der Sowjetunion und ich erhoffte mir von diesem Besuch, all die Lieder, die Speisen und Orte aus meiner Kindheit wieder zu hören, zu schmecken und zu sehen. Es wurde eine unvergessliche Woche. Unsere Männer verstanden sich auf Anhieb sehr gut und wir verbrachten wunderschöne Feiertage. Unsere Tochter liebte *Kiewskij Tort* genauso sehr wie ich.

Spannend war auch die Kommunikation, denn vor dreißig Jahren, als ich noch in Kiew gelebt hatte, hatte kaum jemand in der Stadt ukrainisch gesprochen. Damals war die Sowjetunion erst wenige Monate zuvor zerbrochen und die neue, ukrainische Identität musste noch wiedergefunden werden. Ich hatte zwar mit meinen neun Jahren Ukrainisch als erste Fremdsprache in der Schule gelernt, aber kaum etwas sagen können.

Da mein Mann auch aus Kiew stammt, beschlossen wir bei der Geburt unserer Tochter, sie zweisprachig zu erziehen. Ich sollte deutsch mit ihr sprechen und er russisch, weil er aufgrund seiner späteren Auswanderung aus Kiew das Russische besser beherrschte als ich. Weil sie aber die meiste Zeit doch mit mir oder im Kindergarten verbrachte, war ihre Muttersprache eindeutig Deutsch. Russisch hörte sich bei ihr meistens eher gebrochen an mit einem starken, deutschen Akzent.

Aber diese sprachliche Barriere schien für die Mädchen im Urlaub kein Problem zu sein. Sie spielten miteinander und wenn mal ein Wort nicht verstanden wurde, gingen sie zur Zeichensprache über. Für uns Erwachsene war es auch nicht schwierig, aber sobald mein Mann und ich beschlossen, die Stadt auf eigene Faust zu erkunden, stießen wir an unsere sprachlichen Grenzen. Es wurde überall ukrainisch gesprochen. Wir konnten zwar einiges verstehen, doch bei Weitem nicht alles. Wir setzten uns in ein Taxi und unterhielten uns. Beim Ausstieg sprach uns der Taxifahrer aus Neugierde an. Er konnte uns trotz unseres Russisch keinem Land zuordnen. Unsere Art zu sprechen hörte sich weder russisch noch ukrainisch an und er fragte sich, woher wir seien. Wir lachten gemeinsam über unser deutsches Russisch und verabschiedeten uns von ihm. Aber die Frage blieb wie ein Echo in meinem Kopf: Wer sind wir überhaupt und in welcher Beziehung stehe ich zu diesem Land, das eine Sprache nutzt, die ich nur schwer verstehen kann?

Drei Stunden nach meinem ersten Anruf versuche ich, Olga zu erreichen. Sie geht nicht ans Telefon. Ich fragte mich, wo sie derzeit wohl ist. Hat sie es heil aus der Stadt geschafft? Ich erinnere mich, dass wir bei unserem letzten Urlaub eine gemeinsame WhatsApp-Gruppe mit unseren Männern gegründet haben: *Fotos in Kiew*. Wir wollten Fotos unserer gemeinsamen Zeit teilen. Ich füge meinen Vater als Teilnehmer hinzu, weil ich mich mit der Situation überfordert fühle.

Kurz darauf bekomme ich einen Anruf von ihm. »Ich denke, dass sie die paar Tage, bis der Angriff vorüber ist, auf dem Land ausharren können«, vermutet er.

Das beruhigt mich etwas. Aber dann drängt sich mir die nächste Frage auf: Ein paar Tage – und was dann? Was passiert, wenn Putins Armee die Ukraine eingenommen hat? Wird dann alles beim Alten bleiben und nur überall russisch gesprochen werden wie schon zu Sowjetzeiten? Das wäre zwar von Vorteil für unsere Besuche. Aber was wird mit dem sympathischen Wolodymyr Selenskyj geschehen? Ich habe ihn immer als sehr authentisch und interessant wahrgenommen.

Schon bevor er zum Präsidenten gewählt wurde, sahen sich mein Mann und ich uns die satirische Fernsehserie *Diener des Volkes* an. Darin spielt Selenskyj einen gewöhnlichen Geschichtslehrer, der überraschend zum Präsidenten der Ukraine gewählt wird und daraufhin die Korruption und all die Missstände bekämpft, die der Ukraine den Weg in die EU versperren. Ob diese Serie für ihn ein erster Schritt in die Politik gewesen ist, sei dahingestellt. Aber all das, was darin beschrieben wird, hörte sich damals für uns zunächst nach einem Märchen an, bis Wolodymyr Selenskyj am 21. April 2019 tatsächlich zum Präsidenten der Ukraine gewählt wurde.

Die Mehrheit des ukrainischen Volkes schien seine Entschlossenheit bei der Bekämpfung der Korruption und seinen Willen, das Land in Richtung Europa und der westlichen Werte auszurichten, zu unterstützen. Olga erzählte mir damals allerdings, ihn nicht gewählt zu haben. Sie konnte sich kaum vorstellen, dass ein Schauspieler – egal wie begabt – ein Land führen könnte. Man brauchte dafür ihrer Meinung nach eine solide, politische Ausbildung. Selenskyjs erste Amtshandlung bestand darin, die ukrainische Duma aufzulösen. Er schrieb alle Stellen neu und öffentlich aus, jeder konnte sich darauf bewerben. Er wählte seine Mitarbeiter nach Fähigkeiten und nicht nach Kriterien wie Beziehungen oder Vermögen aus. Ein erster Schritt gegen die Korruption.

Ich erinnere mich an Fotos in der ukrainischen *Vogue*, auf denen er mit seiner Frau und seinen Kindern abgebildet ist. Sie laufen durch ein Feld, alle gelöst und glücklich. Die Familie auf diesen Fotos erinnert mich eher an Popstars als an eine Präsidentenfamilie. Und Selenskyj selbst? Ein sympathischer Mann, der seine Familie sehr liebt – das ist das Bild, das er in der Öffentlichkeit vermittelt. Es drängt sich mir die Frage auf, was aus dieser Familie wird, wenn Putin Kiew eingenommen hat?

Ich wähle erneut Olgas Nummer. Diesmal geht sie ans Handy. »Wir sind im Auto und fahren zur polnischen Grenze«, sagt sie.

Sie berichtet davon, dass »nur« die Flucht aufs Land zu gefährlich sei. Sie müssen schnell sein, weil ihre Wohnung sich in einem Hochhaus am *Levij Bereg* in Kiew befindet. Ich kann mich erinnern, dass die Aussicht aus ihrem Fenster auf den Dnjepr umwerfend ist. Dieses Stadtviertel kann nur über eine Brücke verlassen werden.

»Sollten die Ukrainer die Brücke aus strategischen Gründen sperren oder Russen die Brücke sprengen, sind wir eingekesselt und kommen nicht mehr heraus«, erklärt Olga.

»Fahrt nicht aufs Land, kommt zu uns!«, fordere ich sie auf und erschrecke über mich selbst. Wir haben uns schon vor Jahren dafür entschieden, mitten in der Stadt zu leben. Auf unseren achtundachtzig Quadratmetern fühlen wir uns zu viert wohl, doch wenn noch Flüchtlinge hinzukommen, stelle ich mir das eng vor. Seit Corona arbeite ich meistens mitten im Wohnzimmer, wo ich nach der Arbeit Sport mache, während meine Kinder um mich herum spielen. Wie soll das gehen, wenn andere Kinder da sind, die tagsüber kaum eine Beschäftigung haben werden?

Ich schiebe diese Fragen beiseite und versuche, mich auf Dinge zu konzentrieren, die ich momentan tun kann. Aber was kann ich eigentlich tun? Ich versinke wieder in der Informationsflut über die aktuellen Geschehnisse in der Ukraine.

Anatoli

Als ich am 24. Februar 2022 höre, dass in der Ukraine Krieg ausgebrochen ist, sitze ich erst mal ungläubig mit meiner Kaffeetasse am Frühstückstisch. In meiner Wahrnehmung sind Russen und Ukrainer so fest miteinander verbunden, dass ich die Möglichkeit eines Krieges immer ausgeschlossen habe.

Ich weiß zwar, dass die Halbinsel Krim im Jahr 2014 von Russland annektiert wurde, und ich habe auch gehört, dass es seitdem im Osten der Ukraine Auseinandersetzungen in den selbst ernannten Volksrepubliken Donezk und Luhansk zu geben scheint, aber zugegebenermaßen fühlten sich diese Unruhen doch sehr weit weg an und die Tatsache, dass in Kiew das Leben all die Jahre bis 2022 wie gewohnt weitergegangen ist, hat mir das sichere Gefühl gegeben, eher einem kleinen Theaterstück zuzusehen als einem echten, sich ausdehnenden und alles verschlingenden Krieg.

Russische Raketen in Kiew – das bedeutet einen Beschuss des Herzens und des Gehirns der Ukraine, da Kiew Regierungs- und Kulturzentrum gleichermaßen ist, und das ist für mich ein Widerspruch in sich. Wieso eigentlich? Während meiner Kindheit, Jugend und auch im Erwachsenenalter in der Ukraine waren beide Völker wie zwei gleichgestellte Brüder einer Mutter, die nicht nur geschlossen den Nazis im Zweiten Weltkrieg die Stirn geboten haben, sondern eine lange und traditionsreiche gemeinsame Geschichte vorweisen können.

Ich denke an Erlebnisse aus den ersten dreiunddreißig Jahren meines Lebens, die ich zwar auf dem Gebiet der Ukraine, faktisch aber im Herrschaftsbereich der Sowjetunion verbracht habe, und würde am liebsten in Erinnerungen versinken, als mich eine WhatsApp-Nachricht aus meinen Tagträumen reißt. Es ist eine Benachrichtigung, dass ich von meiner Tochter zu einer WhatsApp-Gruppe hinzugefügt wurde. Die Gruppe heißt *Fotos in Kiew* und das Gruppenbild zeigt meine Nichte Olga mit ihrem Mann und ihren zwei Töchtern und die Familie meiner Tochter. Das muss ein Foto ihres letzten Besuchs in Kiew sein.

Ich wundere mich, wieso ich nun Teil dieser Gruppe sein darf. Kurz darauf erscheint eine erste Nachricht. *Wo seid ihr?* Meine Tochter will offensichtlich wissen, wo Olga und ihre Familie nun ist. Zu diesem Zeitpunkt weiß ich noch nicht, dass diese Frage uns die nächsten Tage begleiten wird und eine ganz neue Bedeutung gewinnt. Sie wird sich nicht nur auf den Aufenthaltsort beziehen, sondern die vielen Fragen ersetzen, wo wir Angst haben, sie auszusprechen: Lebt ihr noch? Seid ihr in Sicherheit? Habt ihr genug zu essen und zu trinken? Seid ihr stark genug, um diesen Weg hinter euch zu bringen? Wie fühlt ihr euch?

Olga antwortet, dass sie auf dem Weg seien. Da ich verstehe, dass es ein Vorgespräch gegeben haben muss, rufe ich meine Tochter an, um mich zu erkundigen, wie es aussieht. Und vor allem, um mich über die unglaubliche Nachricht auszutauschen, dass Russen gegen Ukrainer kämpfen. In meiner Vorstellung ist das ein Versehen, eine übertriebene Schlagzeile und womöglich eine Fake-Nachricht, die bald geklärt und vergessen sein wird.

Nach einem kurzen Gespräch mit meiner Tochter gehe ich davon aus, dass Olga womöglich für einige Tage zu uns kommen wird, bis die politischen Verhältnisse in der Ukraine geklärt sind. Als Onkel fühle auch ich mich für sie verantwortlich und die Sorge um sie und ihre Familie verdrängt meine Verwunderung und meinen Unglauben über den Angriff Russlands auf die Ukraine.

FLUCHT NACH DEUTSCHLAND

Alexandra

Bevor sie die Stadt verlassen, machen Olga und ihre Familie einen Umweg, um ihre ältere Schwester Marianna mit ihrem elfjährigen Sohn abzuholen. Drei Kinder, Olga, Marianna und Olgas Mann Sergej quetschen sich nun in ihr Auto und versuchen, die Stadt auf dem schnellsten Weg zu verlassen. Dieser führt am Flughafen entlang. Von Weitem hören sie Explosionen und sehen Feuer. Je mehr sie sich dem Flughafen nähern, desto lauter werden die Einschläge.

Geistesgegenwärtig macht Sergej bei einer Explosion direkt in ihrer Nähe eine Vollbremsung und wendet. Sie müssen einen anderen Weg aus der Stadt suchen. Unter Beschuss und wie in Trance finden sie diesen. Planlos fahren sie immer weiter auf der Landstraße, die in Richtung Westen aus Kiew hinausführt, bis sie sich schließlich auf dem Weg zur polnischen Grenze befinden.

Sie brauchen fast vierundzwanzig Stunden, bis sie in die Nähe der Grenze gelangen. Vor ihnen hat sich eine kilometerlange Schlange gebildet. Viele Menschen sind auch zu Fuß unterwegs. Übermüdet vom weiten Fußweg, mit kleinen Kindern auf dem Arm und ihren Koffern in der Hand, suchen sie jedes Auto in der Schlange nach einem freien Platz ab. Bei Olga im Auto sitzen schon sechs Personen.

Unterdessen macht sich Sergej Sorgen, dass das Benzin nicht reichen könnte. Doch in der Nähe gibt es keine Tankstelle. Links neben ihnen ist eine freie Spur und die Ordnungskräfte achten penibel darauf, dass diese nicht befahren wird. Doch da sieht Sergej ein Regierungsfahrzeug in Begleitung mehrerer Zivilfahrzeuge. Er schert aus und folgt der Autoschlange. Überraschenderweise hält ihn keiner an und somit sind sie bald fünf Kilometer näher an der polnischen Grenze. Es ist schon später Abend, aber sie können die Grenzkontrolle deutlich erkennen und hoffen, bald endlich in Sicherheit zu sein.

Zu dieser Zeit kommunizieren wir größtenteils über unsere WhatsApp-Gruppe, damit wir alle die Informationen gleichzeitig erhalten. Um zehn Uhr abends sendet Olga eine Sprachnachricht. Sie weint. Man hat ihnen mitgeteilt, dass laut Kriegsrecht nur Frauen mit ihren Kindern das Land verlassen dürfen. Sie steht damit vor einer schweren Entscheidung: Entweder sie bringt sich und die Kinder in Sicherheit und trennt sich an der Grenze von Sergej. Oder sie und die Kinder bleiben bei ihm.

Die Kinder sind müde, sie weinen mit ihr. Daraufhin trifft Olga eine Entscheidung: Ihre Töchter dürfen den Krieg weder sehen noch hören. Ihre Priorität liegt auf der Sicherheit ihrer Kinder, sie stellt ihre eigene Angst und Sorge dafür zurück. Sie und ihre Schwester werden das Land verlassen. Sie beschließen gemeinsam, dass Sergej das Auto behält, das empfinden sie als sicherer. Die beiden Frauen und ihre Kinder reihen sich in die Schlange der Wartenden ein, während Sergej ausschert und auf der menschenleeren Gegenfahrbahn den Weg zurück Richtung Ukraine nimmt, um nach einem Hotel in der Nähe der Grenze zu suchen. Er hofft, in den nächsten Tagen eine Möglichkeit zu finden, über die Grenze zu kommen.

Olga und Marianna samt Kindern werden von einer Familie in einem Sprinter mitgenommen. Auch diese Familie ist auf der Flucht und hat Platz für die zwei jungen Frauen mit ihren Kindern. Nachdem sie die ukrainische Grenze passiert haben, erhalten wir eine weitere Nachricht. Olga weiß nicht, ob sie an der polnischen Grenze den Flüchtlingsstatus annehmen soll. Sie fragt uns um Rat.

Mein Vater ist unentschlossen und ich habe schlichtweg keine Ahnung. Ich recherchiere im Internet, bis ich auf eine Nummer des Bundesamts für Migration und Flüchtlinge stoße. Am Telefon gibt man mir die Auskunft, dass ein Geflüchteter laut dem sogenannten Schengener Abkommen das Land, in dem er den Antrag stellt, nicht verlassen darf.

Nein, sag, dass ihr nicht in Polen bleibt, schreibe ich in die gemeinsame Gruppe. Nachdem sie in Polen sind, beschließen Olga und Marianna, zu einem weit entfernten Verwandten zu fahren, der vor einigen Jahren nach Polen gezogen ist, um dort als Fernfahrer zu arbeiten. Er lebt in einer Einzimmerwohnung. Dort können sie übernachten. Viele andere Menschen, die mit ihnen unterwegs sind, bleiben direkt an der Bushaltestelle sitzen und schlafen auf dem Gehweg.

Wo seid ihr?, schreibe ich am nächsten Morgen in die gemeinsame Gruppe. Olga, Marianna und die Kinder sind sehr müde und beschließen, noch eine Nacht bei ihrem Verwandten zu bleiben. Nicht zuletzt, weil sie hoffen, Sergej werde nachkommen.

Die Stadt ist überfüllt von weiteren Flüchtlingen. Fremde schenken ihnen Hygieneartikel wie Zahnpasta und Duschgel. Die Menschen auf der Straße fragen sie nach der Situation und zeigen viel Mitgefühl. Obwohl Polnisch eine andere Sprache ist, versteht man sich. Olga berichtet, dass sie wie Freunde behandelt werden. Überall will man helfen, polnische Kinder schenken ihren Töchtern Spielzeug.

Sergej ist mittlerweile wieder an der Grenze. Er hat nur sporadisch Empfang, berichtet jedoch davon, dass die Anzahl der Geflüchteten an den Grenzen stark angestiegen ist. Die Kontrollen werden verschärft und Männer im wehrfähigen Alter nicht durch die Grenzkontrollen gelassen. Er sieht keine Möglichkeit, zu seiner Familie über die Grenze zu gelangen. Dabei erfährt er, dass Männer, die dort mit drei Kindern ankommen, das Land verlassen dürfen. Ihm wird klar, dass er mit den eigenen zwei Töchtern und dem Sohn Mariannas hätte vorfahren können, sodass Olga und Marianna hätten nachkommen können. Wir alle sind enttäuscht, denn wir hätten auch ihn gerne in Sicherheit gesehen. Wie es Olga ohne ihren Mann geht, kann ich nur erahnen.

Mittlerweile ist es Samstag. Am Samstag ist Sabbat. Der Sabbat soll ein Ruhetag sein. Ein Tag für Gott. Ich empfinde diesen Krieg als furchtbar ungerecht. Zum ersten Mal nehme ich mir bewusst die Zeit für ein Gespräch mit Gott.

Jeden Samstag wird in den meisten jüdisch-messianischen Gemeinden in Deutschland eine Liturgie gelesen. Es ist eine Sammlung traditioneller Gebete. Hauptsächlich geht es in den Texten darum, dass wir Gott für seine Allgegenwart und seine Gerechtigkeit danken. Gott irrt sich nicht.

Gott irrt sich nicht? Ich empfinde einen inneren Konflikt. Ich habe so viele Fragen, so viel Unruhe und Befürchtungen, dass ich mich kaum auf die Texte konzentrieren kann. Wo ist die schützende Hand Gottes, wenn die Existenz auf dem Spiel steht? Wo ist sein großartiger Plan, von dem wir sprechen? Er, der Himmel und Erde geschaffen hat, sollte doch gerade jetzt präsent und nah sein, aber ich fühle nur meine Angst.

Mir bleibt nichts anderes, als die Angst hinzunehmen und ganz in diesem Augenblick zu sein. Ich akzeptiere, dass ich voller Fragen bin, voller Angst und ahnungslos, was mich als Nächstes erwartet. Ich bete dafür, dass die Panik auf den Straßen der Ukraine von lauten Geräuschen spielender Kinder abgelöst wird. Ich weiß, dass, während die Sirenen heulen, sich die Kiewer Synagogen, die noch vor wenigen Tagen mit Lobpreisgebeten gefüllt waren, nun mit Menschen füllen, die Schutz suchen. Diese Orte werden zu Bunkern, in denen das

Echo des Holocaust nachklingt, und man erinnert sich an die eineinhalb Millionen ukrainischer Juden, die ihm zum Opfer gefallen sind. Ich bete, dass die Gewalt aufhört und dass sich die Welt vereint, um die russische Armee dazu zu bringen, die Waffen niederzulegen. Ich bete, dass Diplomatie den Weg zum Frieden ebnet, und dafür, dass Gott die Gebete der Schutzsuchenden erhört und sie in Sicherheit bringt.

Nachdem ich weiß, dass die beiden Frauen schon am nächsten Tag bei uns ankommen werden, reiße ich mich von der Nachrichtenflut los und treffe die Vorbereitungen für die baldige Anreise meiner Verwandten. Wir beschließen, dass wir ihnen das Kinderzimmer überlassen. Besucher schlafen bei uns immer im Kinderzimmer auf dem ausziehbaren Bett. Aber dieser Besuch wird ein längerer sein. Ich räume die Sachen meiner Tochter aus ihrem Schrank, sortiere sie in unseren Schlafzimmerschrank und sortiere gleichzeitig aus. Olgas Töchter werden Kleidung brauchen.

Auch meine Kleidung sortiere ich aus. Doch nach der Hälfte habe ich keine Lust mehr. Ich muss mich kneifen, denn es kommt mir alles wie ein Traum vor. Ein Albtraum, aus dem man hoffentlich bald erwachen wird. Wie ein trotziges Kind räume ich die vorbereitete Kleidung wieder in meinen Schrank und beschließe, dass Olga sich bei ihrer Ankunft nehmen kann, was sie möchte. Wir haben ungefähr die gleiche Größe und wenn sie bei Bedarf Kleidung aus meinem Kleiderschrank nimmt, fühlt es sich eher nach Urlaub als nach einer Flucht aus einem Kriegsgebiet an.

Dann denke ich ans Essen. Mein Repertoire an ukrainischen Gerichten ist recht klein, denn die meisten ukrainischen Gerichte bestehen aus Fleisch. Ich bin seit Jahren Vegetarierin. Ab und zu koche ich den traditionellen Eintopf Borschtsch, der mit Roter Bete und Weißkohl zubereitet wird. Das kann ich ganz gut und meine Kinder essen ihn püriert – auf die deutsche Art. Also beschließe ich, einen Borschtsch zu kochen, und hole den größten Kochtopf aus der Schublade, den ich besitze. Jetzt muss ich lernen, für viele zu kochen.

WIR RÜCKEN ZUSAMMEN

Alexandra

Während Olga und Marianna auf dem Weg zu uns sind, entwickelt sich der Überfall Putins auf die Ukraine zu einem echten Krieg.

Russische Truppen stehen bei Tschernobyl, an dem Ort, wo vor mehr als fünfunddreißig Jahren das Reaktorunglück dazu führte, dass radioaktive Strahlung das Land und ganz Europa verseuchte. Man befürchtet, bei den Gefechten könnte die Schutzglocke über dem beschädigten Reaktor zu Schaden kommen und wieder zur Verseuchung ukrainischen Landes und der Bevölkerung führen.

Die Welt sieht gespannt zu, während Putin mit seiner Armee den atomaren Terror verbreitet. Der ukrainische Boxweltmeister Alexander Usyk appelliert via Instagram an das russische Volk: *Wir sind Brüder. Schickt eure Söhne nicht in diesen Krieg. Unsere Kinder, Mütter und Großmütter verstecken sich in Luftschutzbunkern, während wir unser Land verteidigen. Wir haben keine andere Wahl. Stoppt diesen Krieg![2]*

Der ukrainische Präsident Selenskyj hält per Videobotschaft eine Ansprache an die Mitgliedstaaten der EU: »Es könnte das letzte Mal sein, das ihr mich am Leben seht«, sagt er und spricht dabei aus, was wir alle befürchten.[3] Es scheint, als könnte die Ukraine dem riesenhaften Angreifer nicht standhalten. Dennoch lehnt Selenskyj das Angebot einer Evakuierung durch amerikanische Geheimdienste ab. »Ich brauche Munition und keine Freifahrt«, antwortet er dem amerikanischen Präsidenten Joe Biden, der ihn dazu drängen will, das Land zu verlassen. Nach seinen Angaben befindet sich auch seine Familie auf ukrainischem Boden.

Es erscheint fast grotesk, dass der Enkel eines jüdischen Holocaust-Überlebenden gleichzeitig in russischen Medien als Neonazi deklariert wird. Während er nun von einem Clown (seine Karriere begann als Komiker) zu einem Helden wird, erscheinen Berichte, dass sich der russische Präsident Wladimir Putin vor Angst in einem Bunker versteckt. Putin hat Angst, ohne Leibwächter vor seine Bürger zu treten. In diesem Vergleich wird klar, wer der Sympathieträger in diesem Konflikt ist, und aus einem großen russischen Politiker scheint ein Clown zu werden.

Währenddessen bin ich darüber überrascht, welche Reaktion dieser sich anbahnende Krieg in Deutschland auslöst. Während Politiker unermüdlich über angemessene Sanktionen diskutieren (man will unter anderem Russland aus dem internationalen Zahlungssystem Swift ausschließen), überrollt eine Welle der Hilfs- und der Spendenbereitschaft das ganze

Land. Jeder, dem ich begegne, erzählt davon, dass er Kleidung, Hygieneartikel und Spielzeug spenden möchte oder es schon getan hat. Und langsam begreife ich, dass diese Katastrophe nicht nur die meiner Familie, sondern eine kollektive ist. Ich muss nicht schweigen und mit Nachbarn übers Wetter reden, ich kann mich aufregen, ich kann traurig und wütend sein. Und meine Freunde, Bekannten, Nachbarn oder einfach nur Fremde auf der Straße wissen, worum es geht.

Wir beschließen gemeinsam, dass Marianna mit ihrem Sohn bei meinen Eltern einziehen soll, während Olga zu uns kommt. Das Kinderzimmer steht bereit, das Bett ist frisch bezogen, der Tisch auf Maximallänge ausgezogen und der Borschtsch köchelt in der Küche vor sich hin. Es ist Sonntag und es liegt eine freudige Aufregung des Wiedersehens in der Luft. Diese Situation fühlt sich tatsächlich ein kleines bisschen wie Urlaub an, nur dass Olga dieses Mal ohne Sergej kommt.

Mein Vater holt unsere Gäste am Flughafen ab, wo beide Frauen mit ihren Kindern mit einem Bus aus Polen ankommen. Endlich klingelt es. Wir öffnen die Tür und als Erstes fallen sich die Kinder in die Arme. Alle vier bilden sie einen kleinen Haufen, aus dem Arme und Beine abstehen. Sie lachen ausgelassen und rennen direkt ins Kinderzimmer, um sich gegenseitig ihre Spielsachen zu zeigen.

Olga steht vor mir und lächelt. Sie sieht aus wie immer. Vielleicht etwas müde, was nach einer so langen Reise verständlich ist. »Wir haben Pushok dabei«, sagt sie und hält mir verlegen eine Reisebox vor die Nase, »ich habe es nicht übers Herz gebracht, ihn zurückzulassen.« Pushok ist ihr weißer Zwerghamster. Die Kinder haben darauf bestanden, ihn mitzunehmen. Auch der Hamster darf bei uns einziehen. Meine Kinder sind begeistert und ich überlege, wo sein Platz in der Wohnung sein könnte.

Wir verbringen einen sehr schönen gemeinsamen Abend, bei dem wir erfahren, dass sich Sergej nun seit einigen Tagen in der Nähe der polnischen Grenze befindet. Er wohnt bei einer älteren Frau. Seine Chancen auf Ausreise zu seiner Familie schwinden, denn es kommen immer mehr Flüchtlinge an. Die Grenzkontrollen werden verschärft und alle wehrfähigen Männer zwischen achtzehn und sechzig Jahren dürfen das Land nicht verlassen. Es gehen Gerüchte rum, dass bei einer illegalen Flucht Haftstrafen verhängt werden könnten. Olga wirkt dennoch entspannt auf mich. Erst viel später erfahre ich, dass sie nächtelang auf der Flucht nach Deutschland und auch danach mit ihrer Entscheidung, ihren Mann zurückzulassen, haderte und stundenlang weinte. Die meisten ihrer Freundinnen sind in der Ukraine zurückgeblieben, weil sie nicht von ihren Männern getrennt sein wollten.

»Sie haben aber keine Kinder«, erzählt Olga mir, »dann ist es viel leichter.«

An diesem ersten Abend beschließen unsere Kinder, gemeinsam einzuschlafen. Olga liest ihnen eine Geschichte vor und es ist, als gäbe es weder Krieg noch Angst. Das Leben in diesem Kinderzimmer geht seinen gewohnten Gang.

In den folgenden Tagen wird klar, dass Olga und den Kindern viele Dinge für den täglichen Bedarf fehlen. Olga hat bei der Flucht ihr ganzes Bargeld mitgenommen. Es sind 6300 Ukrainische Hrywna, umgerechnet ca. 200 Euro. In der Ukraine hätte sie das Geld in Dollar oder Euro wechseln können, dafür war aber keine Zeit. Hier in Deutschland habe ich keine Ahnung, wo man die ukrainische Währung akzeptiert. Ich bemühe das Internet, finde aber keine eindeutigen Aussagen auf offiziellen Webseiten. Die Stadt Stuttgart informiert lediglich, dass bald Flüchtlinge bei uns eintreffen könnten. Die Bürger werden aufgerufen, Wohnraum zur Verfügung zu stellen.

Zwei Tage nach der Ankunft von unseren Gästen sind mein Mann und ich beim Elternabend in der Schule unserer Tochter. Wir sind die Einzigen, die zu zweit kommen können. Nun haben wir das Privileg, jemanden zu Hause zu haben, der auf die Kinder aufpasst. Der Elternabend beginnt zwar wie gewohnt, jedoch kommt es bald zu einer Diskussion über den Krieg in der Ukraine.

Die Eltern erzählen, wie ihre Kinder mit der Situation umgehen. Manche Eltern nehmen ihre Kinder zum Spenden mit und sortieren mit ihnen ihr Spielzeug aus, um es ukrainischen Kindern schicken zu können. Andere versuchen, dieses Thema so weit wie möglich aus ihrem Alltag herauszuhalten. Eine Mutter spricht sich dagegen aus, den Krieg in der Schule zu thematisieren. Sie kommt aus Serbien. Ich meine mich erinnern zu können, dass Serbien schon immer ein Russlandsympathisant war. Ich bin irritiert. Wie kann man Kindern vorenthalten, was auf unserem Kontinent geschieht?

Die Informationsflut ist offenbar so groß, dass es kaum jemanden in Deutschland zu geben scheint, der nichts vom Krieg in der Ukraine gehört hat. Das Klassenzimmer, in dem wir uns befinden, ist der erste Beweis dafür, dass Kinder mehr sehen und verstehen, als wir denken. Überall an den Wänden hängen ukrainische und russische Fahnen. *Stoppt den Krieg!*, steht auf einem Bild in krakeliger Kinderschrift. Ein anderes Plakat zeigt ein großes Herz, das sowohl die russische als auch die ukrainische Fahne enthält. Zwei Kätzchen reichen sich die Pfoten. Darauf steht: *Wir wollen Frieden.*

Ich kann dazu nicht schweigen und spreche aus, was die meisten denken. In wenigen Tagen wird die Stadt voll sein mit ukrainischen Flüchtlingen, wir müssen unseren Kindern klarmachen, warum sie hier sind. Wir begrüßen dennoch die Entscheidung der Schule, einen anderen Weg zu gehen. Die Klassenlehrerin will in den nächsten Tagen nicht den Krieg zum Thema machen, sondern das Demokratieverständnis unserer Kinder schulen. Sie will demokratische Werte erklären, um sie für die Zukunft zu rüsten. Das erscheint mir vernünftig und ich beschließe, auch zu Hause darüber zu sprechen.

Nach dem Elternabend kommen viele andere Eltern auf uns zu. Da sie wissen, dass Olga bei uns wohnt, wollen sie wissen, wie sie helfen können. Ich bin überrascht und muss mich überwinden, von den Nöten zu sprechen. Ich habe das Gefühl, nicht das Recht zu haben, da es sicherlich viele Flüchtlinge gibt, die niemanden in Deutschland haben und viel dringender Hilfe benötigen.

Ich erzähle von dem Hamster Pushok. Er lebt immer noch in seiner Reisebox. »Ich kümmere mich um Futter und einen richtigen Käfig«, sagt eine Mutter entschlossen. Eine andere will mir in den nächsten Tagen aussortierte Kleidung und Schuhe ihrer Tochter bringen. Alle wollen helfen. Diesen Elternabend verlassen wir eher wie ein Treffen mit Freunden als wie einen Pflichttermin.

Der Krieg scheint uns in Deutschland zusammenzuschweißen. Sicherlich ist jeder schon einmal schwierigen Situationen begegnet, sei es eine medizinische Diagnose, eine psychische oder körperliche Erkrankung, ein unerfüllter Kinderwunsch, der Verlust eines Angehörigen, eine verpasste Beförderung, Streit mit den Nachbarn, zerbrochene Familienbeziehungen, Einsamkeit oder Ablehnung. Um solche Situationen zu meistern, stehen uns normalerweise Menschen bei, die uns nahe sind. Oft sind es Familienmitglieder oder enge Freunde. Das ist auch verständlich, denn meistens können Fremde kaum erahnen, welchen inneren Stürmen der lächelnde Nachbar oder die freundliche Kollegin ausgesetzt sind.

Wir gehen durchs Leben und sehen viele Gesichter. Nur wenige Menschen öffnen uns ihre innere Welt, in der oft Verzweiflung und Mutlosigkeit herrschen. Eine Depression kann wie eine verwirrte Freundin aussehen, die jede Nacht mit Schlaflosigkeit kämpft, und jemand, der Verabredungen absagt und uns versetzt, tut das vielleicht, weil er heute keine Kraft hat, aus dem Bett aufzustehen.

Als Olga mit ihren Kindern bei uns einzieht, muss auch ich vielen Ängsten begegnen. Ich habe schon immer Schwierigkeiten damit gehabt, in eine ungewisse Zukunft zu blicken. Und nun stehe ich da und fühlte mich verantwortlich für das Leben von mindestens drei weiteren Menschen. Ich habe mir diese Verantwortung nicht ausgesucht, aber trotzdem bereitwillig angenommen. Ich frage mich in den ersten Tagen und Wochen oft: Warum tue ich das? Und meine Antwort lautet jedes Mal: Weil ich es kann. Ich kann Deutsch, ich habe die Gabe des Organisierens und ich habe ein Kinderzimmer. Das ist zu dem Zeitpunkt genug.

Trotzdem überkommen mich Ängste. Wie lange soll es so weitergehen? Und kann ich ihnen helfen, ohne mich selbst und meine Familie dabei zu vernachlässigen? Ich wache in den ersten Tagen jede Nacht schweißgebadet auf und sehe diesen Riesenberg Verantwortung auf meinen Schultern lasten. Ich habe Angst, etwas übersehen oder vergessen zu haben. Ich habe Angst, dass es für uns nie mehr ein Zurück zur Normalität geben wird, ich habe Angst, dass meine Tochter schlechte Noten in der Schule bekommen wird, weil sie keinen Platz mehr zum Lernen hat, und ich habe Angst, was die Finanzen angeht.

In solchen Nächten versuche ich nicht nur, meinen schnellen Atem wieder zu beruhigen, sondern meinen Fokus zu verändern. Solange ich mich auf all die offenen Fragen konzentriere, wächst die Angst immer mehr, weil es in diesem Augenblick einfach keine Antwort darauf gibt. Aber je mehr ich es schaffe, diese ungelösten Fragen und meine Angst anzunehmen und den Fokus darauf zu lenken, dass mein Schöpfer bei mir ist, desto besser kann ich sehen.

Ich kann meine Angst und Nervosität sehen, wahrnehmen und annehmen. Ich bin nicht mehr mitten im Sturm, in dem ich hin- und hergerissen werde, sondern stehe als Beobachterin daneben und sehe, wie viel Mitgefühl mein himmlischer Vater mir entgegenbringt. Dieses Mitgefühl lerne ich nach und nach immer mehr mir selbst entgegenzubringen. Ich versuche, mich durch Gottes Augen zu sehen, und irgendwann kann ich meine Anstrengungen und meine Mühe sehen und ihren Wert anerkennen. Ich kann fühlen, wie gut es tut, Ja zur Verantwortung gesagt zu haben.

Und dann sind da all die Menschen, die wissen, durch welchen Lebenssturm ich gehe. Genauso wie die Eltern beim Elternabend in der Schule begegnen mir auch Nachbarn und Kollegen. Ich kann erzählen und traurig sein. Und dann noch mehr erzählen und meine Erlebnisse teilen. Das tut unfassbar gut und gibt mir das Gefühl, gehalten zu sein.

Einen großen Beitrag zu diesem Gefühl leisten die Mails, die Bekannte an meinen Vater in den ersten Kriegstagen schreiben. So erkundigt sich ein Freund danach, wie es uns geht, und bittet, ihn auf dem Laufenden zu halten. Einen Tag später trudelt eine weitere E-Mail mit derselben Bitte ein. Es wird klar, dass unsere Freunde und Bekannten ein Informationsbedürfnis haben, das nicht durch die Medien gestillt werden kann. Mein Vater und ich fangen an, E-Mails mit Informationen zu Olgas und Mariannas

Reise zu versenden. Nachdem die beiden mit ihren Kindern bei uns angekommen sind, antworten die Menschen, dass sie für unsere Familie spenden wollen. Nach langem Überlegen lassen wir uns darauf ein, ein Spendenkonto einzurichten. Von dem Geld können die beiden die erste Ausstattung kaufen und finden sogar günstig gebrauchte Fahrräder, sodass sie und ihre Kinder sich auch über größere Strecken in der Stadt bewegen können.

Gleichzeitig gilt schon Anfang März, dass ukrainische Flüchtlinge nach Artikel 22 des Bürgerlichen Gesetzbuches in Deutschland Asyl beantragen können. Das ist zwar eine gute Information, aber Deutschlands Bürokratie ist eindeutig mit dem Flüchtlingsstrom aus der Ukraine überfordert.

Schon in den ersten Tagen gehe ich mit Olga in ein Bürgerbüro, um ihren Wohnsitz anzumelden. Sie ist die erste ukrainische Frau, die dort registriert wird. Als Nächstes beschließen wir, zum Amt für Migration und Flüchtlinge in Stuttgart zu gehen. Dort reihen wir uns in eine lange Schlange von Wartenden ein. Nach etwa vierzig Minuten sind wir nur wenige Meter vom Eingang entfernt.

Ein Wachmann kommt auf uns zu. »Was haben Sie für ein Anliegen?«, fragt er. Nachdem er hört, dass es sich um ukrainische Flüchtlinge handelt, drückt er uns einen Zettel in die Hand und bittet uns, die Schlange zu verlassen. Ich bin verärgert. »Wir dürfen Sie nicht ins Amt lassen«, entgegnet er trocken. »Gehen Sie nach Hause.«

»Aber sie hat kein Zuhause mehr«, antworte ich trotzig und zeige auf Olga.

Darauf hat der Wachmann keine Antwort und geht wieder auf seinen Posten. Ich lese den Zettel in meiner Hand. Dort wird erklärt, dass man sich in einem Bürgerbüro mit der aktuellen Adresse melden muss. Mehr steht da nicht. Die allgemeine E-Mail-Adresse der Ausländerbehörde finde ich im Kleingedruckten.

Ich schreibe sofort dorthin und frage nach weiteren Schritten, bekomme jedoch nie eine Antwort. Der Zustand, in dem wir uns nun befinden, macht mich nervös. Einige Tage nach dem erfolglosen Besuch im Amt für Migration mündet meine Nervosität in Verzweiflung. Die Behörden scheinen ihre Türen zu verschließen, statt sie für Flüchtlinge zu öffnen.

Auf einer öffentlichen Seite finde ich einen Satz, der diese groteske Situation noch deutlicher macht. Dort steht: *Bieten Sie Ukrainern privaten Wohnraum an, sie können – im Gegensatz zu Flüchtlingen aus anderen Ländern – die Miete bezahlen.* Ich frage mich, wie unsere Behörden auf so etwas kommen. Bestimmt landen hier Flüchtlinge, die ein gewisses Vermögen haben, aber die meisten Menschen, die ich in der Ukraine kennengelernt habe, können nicht auf Rücklagen zurückgreifen, um monatelang eine Miete in Deutschland zu bezahlen. Vor allem nicht, wenn sie keine Arbeit haben.

Wie kann unser Staat so wenig vorbereitet sein? Und wie soll ich leisten, was ich möchte, ohne Unterstützung in einer Ungewissheit, von der ich nicht weiß, wie lange sie noch dauern wird?

BANGEN UM LEONID

Anatoli

Mein Bruder Leonid ist zehn Jahre älter als ich.

Als ich elf Jahre alt war, starb unser Vater an Lungenkrebs. Von diesem Moment an war Leonid meine Vaterfigur. Er zeigte mir, wie sich ein Mann rasierte, wie man sich richtig prügelte und wie man ein guter Kavalier war. Er brannte immer für Bewegung jeglicher Art und machte sein Hobby zum Beruf, als er sich zum Sportlehrer ausbilden ließ. Er war ein sehr beliebter Lehrer, weil er den Schülern einiges durchgehen ließ und immer Verständnis hatte. Seine Liebe für die körperliche Betätigung gab er an jeden weiter, der sich ihm beim täglichen Joggen anschließen wollte. In den Jahren, in denen wir mit unserer Mutter zu dritt lebten, hatten wir eine innige Beziehung zueinander. Als ich im Juni 1992 in den Zug Richtung Deutschland stieg, um die Ukraine für immer zu verlassen, fiel mir die Trennung besonders von Leonid sehr schwer.

Jetzt ist Leonid dreiundsiebzig Jahre alt und leidet schon seit zwanzig Jahren an Arthrose in den Hüftgelenken. Nur mit einem Stock kann er kurze Strecken hinter sich bringen. Diese massive Einschränkung seiner Bewegungsfähigkeit hat ihm den Sport und somit den Inhalt seines Lebens genommen. Er leidet seit einigen Jahren an einer Depression, die auch jetzt noch seinen Verstand lähmt und seinen Bewegungsradius zusätzlich einschränkt.

Am 24. Februar ist Leonid nicht imstande, seine Wohnung zu verlassen. Die Wohnung, in der ich mit meiner Familie aufgewachsen bin und die er seit meiner Auswanderung bewohnt, befindet sich im Zentrum Kiews, nicht weit vom Hauptbahnhof entfernt. Die Gefahr eines Luftangriffs und der Zerstörung seines Hauses ist somit höher als in anderen Vierteln der Stadt.

Ab der ersten Bombe über Kiew bete ich unermüdlich, dass er diese Angriffe überlebt, und bin in Gedanken in diesem Haus, auf dieser Straße und in diesem Vorhof, der lange Zeit mein Zuhause war. Ich erinnere mich an die Schreckensgeschichten des Zweiten Weltkrieges: Im September 1941 waren Nazitruppen in Kiew einmarschiert und hatten alle Juden der Stadt zusammengetrieben, um sie vor einem Massengrab im Tal Babyn Jar zu erschießen. Ein Standardvorgehen, das in vielen anderen Städten Osteuropas wiederholt worden war. In der Sowjetunion allerdings hatte man die wahren Hintergründe lange verschleiert, erst in den Neunzigerjahren waren diese Gräueltaten ans Licht gekommen.

Eines Tages fand ich zu Hause ein Buch, das anders war als andere. Eigentlich war es kein Buch, es war eine Liste. Eine Liste mit Namen. Namen von Juden, die im Babyn Jar erschossen worden waren. Dank der deutschen Genauigkeit waren die Namen der Opfer akribisch aufgezeichnet worden. Während der Sowjetzeit wurde die Geschichte des Holocaust allerdings verschwiegen. Die Ideologie der Kommunisten war schon antisemitisch geprägt und man wollte den Juden keine »gesonderte Rolle« im Zweiten Weltkrieg zugestehen. Als nach dem Krieg das Verbrechen der Nazis im Babyn Jar an die Öffentlichkeit gekommen war, hatte man daher in den Berichten das Wort »Juden« durch die Umschreibung »die sowjetische Zivilbevölkerung« ersetzt. Somit waren in unserer Vorstellung Kiewer Bürger, ungeachtet ihrer Herkunft, im Babyn Jar erschossen worden. Als ich das Buch fand, wurde ich jedoch stutzig, denn die Liste enthielt nur jüdische Namen. Gleichzeitig fragte ich mich, wieso dieses Buch bei uns zu Hause lag.

Die Namen waren nach dem Alphabet geordnet. Aus reiner Neugier schlug ich die Seite mit dem Buchstaben »U« wie Uschomirski auf. Nach kurzem Suchen traute ich meinen Augen kaum, denn ich las die Namen meines Großvaters, meiner Tante und ihrer zwei Kinder Mila und Dima, damals drei und fünf Jahre alt. Dieses Buch, oder diese Liste, war der Beweis, dass sie im Babyn Jar ermordet worden und nicht einfach verschwunden waren, wie ich es jahrelang geglaubt hatte. Nachdem sich der erste Schock gelegt hatte, kamen noch mehr Fragen auf, die ich nicht beantworten konnte. Ich fragte mich, wie sie umgekommen waren, wieso sie nicht geflohen waren und wieso ich nichts von dieser Tragödie wusste. Wieso gab es kein Grab, kein Denkmal, wo man sie beweinen konnte?

Meine Frau erzählte mir später, dass Babyn Jar in der Nachkriegszeit nur eine größere Schlucht in einem Wäldchen gewesen war. Da ihre Familie in der Nähe lebte, hatte sie als Kind und Teenager oft dort gespielt, ohne zu wissen, welche Dinge sich knapp fünfzehn Jahre vor ihrer Geburt an dieser Stelle abgespielt hatten. Sie hatte als Kind ab und zu Knochen ausgegraben, ein Nachbar hatte ein rostiges Messer gefunden und ein anderer Nachbar eine *Walther* – eine deutsche Pistole.

Dieser Ort des Grauens wurde bis zum Ende der 60er-Jahre weder durch eine Tafel noch durch ein Denkmal gekennzeichnet. Die Eltern und die Schwester meines Stiefvaters waren auch im Babyn Jar ermordet worden. Ich kann mich noch daran erinnern, dass meine Mutter und mein Stiefvater diesen Ort jedes Jahr am 29. September besuchten und zwei kleine Blumensträuße irgendwo auf einem mit Gras bewachsenen Hügel ablegten. Das taten Hunderte von Menschen, die keinen Ort hatten, an dem sie ihre Toten beweinen konnten. Erst als ich schon einige Jahre in Deutschland lebte, wurden die genauen Zahlen veröffentlicht: Am 29. September 1941 wurden im Babyn Jar 33 771 jüdische Bürger der Ukraine (Kinder ausgenommen) erschossen und verscharrt, bis 1943 waren es 150 000 Juden.[4] So viele Anwohner hat derzeit die Stadt Heidelberg.

Erst nachdem die Ukraine im Jahr 1991 zu einem unabhängigen Staat erklärt wurde, errichtete die Regierung ein Mahnmal mit Fotos der Ermordeten. Wir besuchten diesen Ort jedes Mal, wenn wir in Kiew waren, und sagten die symbolischen Worte: »Nie wieder.«

Am 1. März, kurz nach Beginn der russischen Luftangriffe auf Kiew, wird ein Teil des Mahnmals im Babyn Jar zerstört und ein Sportzentrum, das als Teil der Gedenkstätte dienen sollte, dem Erdboden gleichgemacht. Dabei kommen sechs Menschen ums Leben. Ich sehe den Bericht darüber und kann es nicht glauben.

Zu dieser Zeit habe ich weder Kraft noch Zeit, mich mit der Schuldfrage Russlands oder irgendeiner Schuld der Ukraine auseinanderzusetzen. Ich weiß, dass es um Leben und Tod geht, um das Leben meines Bruders. In den ersten Tagen verbringt er die Zeit während der Bombenangriffe im Treppenhaus, aber die Tatsache, dass Leonid als Gefangener der Depression und gleichzeitig als Gefangener des russischen Angriffs auf Kiew in seiner Zweizimmerwohnung eingesperrt ist, lässt mich nicht schlafen.

Als ich Leonid am Telefon die Frage stelle, ob er bereit ist, zu mir zu kommen, kann er keine klare Antwort geben. Mir ist bewusst, dass er nicht nur durch seine körperlichen Gebrechen, sondern auch und wahrscheinlich größtenteils aufgrund seiner

Depression keine solch wichtigen Entscheidungen treffen kann. Umso mehr fühle ich mich jetzt für sein Leben verantwortlich, obwohl ich in den letzten Jahren versucht habe, mich nicht einzumischen. Ich weiß, dass er, seit ich zum Glauben gekommen bin, mein Leben und die Werte, nach denen ich es ausrichte, belächelt. Ich habe immer versucht, ihn und seinen Lebensplan zu akzeptieren. In dieser Situation hat er aber keinen Plan. Und ich zögere, eine Entscheidung für ihn zu treffen, denn dann müsste ich die Verantwortung tragen. Ganz praktisch die Verantwortung für die gefährliche Flucht aus der Ukraine und nicht zuletzt die finanzielle Verantwortung für seinen und den Aufenthalt seiner Frau Olena in Deutschland. Mir ist bewusst, dass ich mit dieser Entscheidung die Weichen für eine lange Zeit stellen würde. Wenn er die lange Reise nach Deutschland auf sich nimmt, wird er womöglich nicht mehr zurückkehren, und wenn, dann bestimmt nicht sofort. Er wird seine gewohnte Umgebung, unser Elternhaus und seine nur noch wenigen Freunde zurücklassen müssen, und ich frage mich, ob ich dieser Verantwortung gewachsen bin.

Während mir diese Überlegungen durch den Kopf gehen, erinnere ich mich an die Worte Kains, als er nach der Ermordung Abels mit Gott spricht. *»Soll ich meines Bruders Hüter sein?«*, empört er sich (1. Mose 4,9; LUT). Das ist ein viel zitierter Satz auch in der weltlichen Literatur. Kain als Erstgeborener Evas, das erste Kind überhaupt. Auch sonst war er immer der Erste. Er kam zuerst auf die Idee, Gott ein Opfer zu bringen. Doch Gott nahm sein Opfer nicht an und Kain war verletzt. Umso entrüsteter war er, als er sah, wie viel Wohlwollen sein jüngerer Bruder Abel bei Gott fand.

Ich verstehe Kain. Ich kann sehr gut nachfühlen, was Kain gefühlt hat, denn beim Nachdenken darüber wird mir klar, dass auch ich in meinem Leben oft das Gefühl hatte, von jemandem benachteiligt zu werden, und ich denke, dass kaum jemand dieses Gefühl nicht kennt.

Die Bibel berichtet, dass sich sogar Kains Körperhaltung nach dieser Enttäuschung veränderte. Und in der Folge entschied er sich für das Unrecht. Denn das Gefühl, benachteiligt worden zu sein, ungerecht behandelt worden zu sein, nicht die erwartete Aufmerksamkeit bekommen zu haben, stand für Kain über seinen moralischen Wertvorstellungen. Die Bibel schweigt dazu, weshalb Gott Kains Opfer nicht angenommen hat. Aber ganz sicher war sein Opfer in den Augen Gottes nicht nur schlecht. Es war vielleicht nicht gut genug, aber ganz gewiss nicht schlecht. Und sein Vorhaben, Gott ein Opfer zu bringen, war richtig und gut. Dennoch zog Kain aufgrund seiner Gefühle eine falsche Schlussfolgerung, die zu einem Familiendrama führte. Die Gefühle waren an dieser Stelle ein falscher Wegweiser und verdunkelten seine Sicht.

Bei dieser Erkenntnis wird mir klar, dass es auch mir oft so in zwischenmenschlichen Beziehungen ergeht. Und ich entdecke noch mehr Parallelen.

»Wo ist dein Bruder Abel?«, fragt Gott. Dabei weiß er schon längst, was geschehen ist. Sein Ziel ist jedoch die Umkehr des Menschen. Kain kann immer noch eine Entscheidung treffen.

Doch mit seiner Rückfrage, ob er etwa der Hüter seines Bruders sei, gibt er die Verantwortung für das eigene Handeln an Gott ab. Damit handelt Kain nach dem gleichem Muster wie sein Vater Adam, der einst die Verantwortung für den Sündenfall seiner Frau zuschieben wollte.

Bei diesen Überlegungen wird mir klar, dass Gott ein offenes Ohr von mir erwartet. Mir ist klar, dass ich die Freiheit habe, mich auch dagegen zu entscheiden, Leonid nach Deutschland zu holen. Womöglich wird die Gefahr in einigen Tagen vorüber sein und er wird sein restliches Leben in Kiew verbringen können. Die Geschichte Kains zeigt mir, dass ich das Recht habe, mich gegen diese Verantwortung zu entscheiden. Gott hat Kains Antwort akzeptiert, denn er hat ihn ja nicht getötet. Dennoch hatte seine Entscheidung – wie jede unserer Entscheidungen – Konsequenzen.

Das Schicksal Kains ist für mich ausschlaggebend für meine Entscheidung in Bezug auf Leonid. Nach gründlicher Überlegung weiß ich: Gott will, dass ich die Verantwortung für meinen Bruder übernehme, und er will, dass mein Bruder zu mir kommt.

Nachdem ich die Entscheidung getroffen habe, Leonids Flucht nach Deutschland zu organisieren, habe ich zunächst keine Ahnung, wie ich das anstellen soll. Er hat weder ein Auto noch einen Freund, der bereit wäre, ihn in dieser Situation aus seiner Wohnung abzuholen. Aber was dann geschieht, bestätigt mir noch einmal die Richtigkeit meiner Entscheidung, denn Gott öffnet Türen.

Eine Hilfsorganisation in Kiew bietet mir an, Leonid und seine Frau mit einem Bus bis an die polnische Grenze zu bringen. Er muss jedoch an einem vereinbarten Treffpunkt erscheinen. Ich verstehe, dass ihm das nicht möglich ist. Weil sich die Lage in Kiew zuspitzt, bleibt mir nur, darauf zu hoffen, dass Gott einen anderen Weg vorbereitet hat.

Drei angespannte Tage vergehen, ohne dass es zu einer Lösung kommt. Ich versuche, trotzdem ruhig zu bleiben, weil ich darauf vertraue, dass es einen Weg geben wird. Drei Tage nachdem ich die Möglichkeit der Ausreise mit der Hilfsorganisation ausgeschlagen habe, erhalte ich einen Anruf von Walter. Walter ist Gemeindeleiter in einer Gemeinde in Deutschland, deren Mitglieder vorwiegend russlanddeutsche Auswanderer sind. Schon vor dem Beginn von Putins Blitzkrieg hat er mit seinen Freunden in der Ukraine unermüdlich Hilfe geleistet, vor allem für Menschen, die das Land nicht aus eigener Kraft verlassen konnten. Walter hört sich meine Geschichte an und versteht, dass Leonid wirklich Hilfe braucht. Er verspricht mir nichts, aber schon einen Tag später spreche ich am Telefon mit einem jungen Mann aus Kiew, der sich bereit erklärt, die Rettungsaktion meines Bruders von dort aus zu organisieren und durchzuführen. Nun bleibt es an mir, Leonid zum Gehen zu bewegen.

»Ich konnte mir nie ein Leben im Ausland vorstellen«, sagt Leonid am Telefon, »warum soll ich denn in meinem Alter gehen?«

Ja, warum eigentlich? Ich verstehe, dass er keine Perspektive sieht, und ich weiß, dass diese zu sehen die Depression ihm unmöglich macht.

»Vertraue Gott, er hat die Entscheidung für mich und dich getroffen!«, entgegne ich.

Noch am selben Tag steht Leonid aus dem Bett auf, zieht sich an und nimmt einen Rucksack mit, denn mehr kann er nicht tragen. Er läuft zum letzten Mal die Treppe seines Hauses hinunter und tritt aus der Haustür, um zu einem fremden Mann ins Auto zu steigen. Die Reise ist nicht nur gefährlich, sondern wird ihn in seinem Zustand erschöpfen. Und dennoch vertraut er, sonst wäre dieser Schritt unmöglich gewesen.

Zwei Tage lang ist die Verbindung zu Leonid abgebrochen, das Handynetz in der Ukraine ist wegen der Gefechte in manchen Regionen instabil. Erst später erzählt er mir, wie freundlich er und seine Frau von Fremden in der Westukraine aufgenommen worden sind. Es sind Christen, die helfen wollen. Nach der ersten Übernachtung laden sie Leonid und Olena zu einem Gottesdienst ein, bei dem mehrere Hundert Menschen anwesend sind. Voller Begeisterung erzählt mein Bruder mir später von der herzlichen Aufnahme und stellt verwundert fest, dass er noch nie so viele Menschen auf einmal hat beten sehen.

Kurz darauf wird die Reise mit einem anderen Fahrer fortgesetzt, sodass ich Leonid – eine Woche nachdem er vor seiner Haustür zu einem Fremden ins Auto gestiegen ist – in die Arme schließen kann. Beladen ist er tatsächlich mit seinem Rucksack, seine Frau steigt mit einem Koffer in der rechten und einer Handtasche in der linken Hand aus dem Auto. Es ist wenig Gepäck dafür, dass sie nicht wissen, wann sie jemals ihr Zuhause wiedersehen werden. Gleichzeitig haben sie viel emotionalen Ballast im Gepäck, den ich in einem Wort beschreiben kann: Krieg.

Am Tag nach seiner Ankunft beschwert sich Leonid über Schmerzen im linken Ohr. Erschrocken stelle ich fest, dass es stark angeschwollen ist. Bereit, die Behandlung privat zu bezahlen, schlagen wir noch am selben Tag bei unserer Hausärztin auf. Ich habe keine Ahnung, was so eine Behandlung kostet. Es wird eine Mittelohrentzündung festgestellt und Leonid bekommt Medikamente, die er benötigt, damit sie ausheilt. Ich erfahre nie, was die Behandlung und die Medikamente kosten, denn das alles bleibt für uns kostenlos. Trotz seiner Niedergeschlagenheit ist Leonid sehr beeindruckt davon, wie viel Hilfe und Unterstützung ihn hier erwarten.

Hilfe erleben wir auch auf viele weitere Weise. Während Leonid und Olena auf dem Weg zu uns waren, hatte ich bereits gegrübelt, wo die beiden wohnen sollten. In der Dreizimmerwohnung von mir und meiner Frau wohnten ja bereits Leonids Tochter Marianna und ihr Sohn. Ein Zusammenleben von uns allen hier, das wusste ich, würde auf Dauer nicht tragbar sein.

Weil ich selbst nicht weiter weiß, frage ich mich, ob Gott vielleicht auch dafür schon eine Lösung vorgesehen hat. Auf die Antwort muss ich nicht lange warten, denn nicht einmal zwei Tage nach der Ankunft meines Bruders ruft ein Freund in dem Büro der Organisation *Evangeliumsdienst für Israel* an, wo ich arbeite, und äußert den Wunsch, eine geflüchtete ukrainische Familie in seinem Haus aufzunehmen. Die Wohnung ist nur zwanzig Autominuten von unserer Wohnung entfernt und ich staune ein weiteres Mal, wie groß, fürsorglich, hilfsbereit und weise mein Gott ist. Er hat mir seinen Plan nicht sofort offenbart, sondern mich im Vertrauen seinen Weg gehen lassen, der mich meine Bestimmung erfüllen ließ: meinem Bruder das Leben zu retten – im wörtlichen und im übertragenen Sinn. Mit übertragen meine ich, dass Gott nicht nur seine Entzündung im Ohr heilt, sondern sein Ohr auch für sein Wort und seine Zusagen öffnet, so wie er es seinerzeit bei mir getan hat.

Ich will euer ganzes Leben lang euer Gott sein – ich werde euch tragen, bis euer Haar vom Alter ergraut. Ich habe es getan und ich werde euch weiterhin tragen. Ich werde euch auf meine Schulter laden und euch retten (Jesaja 46,4). Ich hoffe, dass Leonid diese Zusage für sein Leben annehmen kann, denn diese Worte geben Hoffnung.

Bis sie in die Wohnung unseres Freundes ziehen können, bleiben Olena und Leonid eine Woche bei uns. Immer wieder kommen sie darauf zurück, dass fremde Menschen ihnen einen Weg in die Freiheit ermöglicht haben. Sie können schwer verstehen, was die Beweggründe dieser Menschen sind, ihnen zu helfen. Ich erkläre, dass diese Menschen von einem großen Gott geliebt werden und deshalb ihre Liebe so selbstlos weitergeben können. Ein größeres Zeugnis hätten sie wahrscheinlich in friedlichen Zeiten nie erfahren können.

Einige Wochen später frage ich Leonid bei einem Spaziergang, was ihm an Deutschland am besten gefällt, und er antwortet, ohne zu zögern: »Die Sonne.« Er war schon immer derjenige, der bei den ersten Sonnenstrahlen draußen war. Jetzt kann er das wieder tun, ohne Angst um sein Leben zu haben. Ich danke Gott dafür – seine Schöpfung ist mehr als genug!

Nachdem es Leonid etwas besser geht und er sich kräftig genug fühlt, beschließt er, mit dem Zug nach Stuttgart zu fahren, um seine Tochter Olga zu besuchen. Seit Olgas Ausreise hat er sie nicht gesehen und ich bin überrascht, wie viel Kraft ihm die neue Situation gibt, um die Ängste, die Antriebslosigkeit und die Depression zu überwinden.

Einige Wochen später machen wir einen großen, gemeinsamen Ausflug ins Schwimmbad. Während wir am Beckenrand stehen, erinnere ich mich an ein Treffen vor vierundzwanzig Jahren. Ich lebte damals schon sechs Jahre in Deutschland und kam zu einem Urlaub nach Kiew. Wir trafen uns an einem Baum am Ufer des Dnjepr. Dieser Baum schien schon ewig dort zu stehen, denn schon meine Eltern hatten an dieser Stelle gebadet.

Genau wie damals fühlt es sich auch jetzt so vertraut an: Eine gewöhnliche Familie, die ihre Freizeit gemeinsam verbringt. Erst in diesem Augenblick wird mir bewusst, wie einsam ich all die Jahre gewesen bin. Ich hatte keine großen Familientreffen, keine Nichten und Großnichten. Meine Frau und ich hatten nur noch meine Tochter und ihre Familie bei uns. Dass etwas gefehlt hat, war mir all die Jahre nicht bewusst. Bis ich es jetzt wieder habe: eine große, laute und fröhliche Familie.

DER NEUE ALLTAG

Alexandra

Zwei Wochen nach Olgas Ankunft sitze ich gedankenversunken am Esstisch. Ich versuche zu arbeiten. Olga telefoniert mit ihrem Mann. Ihre Kinder spielen Fangen im Wohnzimmer neben mir und in der Küche kochen die Nudeln fürs Mittagessen.

Gott, ich kann nicht mehr, schießt es mir durch den Kopf. *So kann es nicht weitergehen. Bitte hilf!*

Mit diesem Gedanken stehe ich auf und nehme die volle Mülltüte, um für wenige Minuten die Wohnung zu verlassen. Ich muss raus. Ich habe das Gefühl, dass meine Kleidung zu eng ist, dass die Wohnung zu eng ist und dass ich kaum Luft zum Atmen habe.

Ich reiße die Wohnungstür auf und laufe direkt in meinen Nachbarn hinein, der gerade bei uns klingeln will. »Alles in Ordnung?«, fragt er.

Obwohl wir uns nur flüchtig kennen, brechen alle Dämme. »Ich kann das nicht mehr!«, schluchze ich.

Er versteht zwar nicht, was ich genau meine, sagt aber zögerlich: »Ich wollte dir eben anbieten, tagsüber in meiner Wohnung zu arbeiten«, und streckt mir seinen Wohnungsschlüssel entgegen.

»Wie?« Ich verstehe nicht.

Er erklärt mir, dass er tagsüber immer zur Arbeit fahren muss, und bietet mir an, mein Homeoffice in seine Wohnung zu verlagern. Er erklärt, dass er die Kinder abends beim Toben höre und sich vorstellen könne, dass es nicht einfach sei, in so einer Situation zu arbeiten. Ich kann nur nicken und nehme den Schlüssel ungläubig und dankbar entgegen.

Auf so eine schnelle Antwort von Gott hatte ich nicht gehofft. Die Wohnung meines Nachbarn ist direkt nebenan. Ich bin jederzeit schnell wieder zu Hause und habe die räumliche Trennung, um mich konzentrieren zu können. Wie perfekt und einfach ist diese Lösung! Niemals hätte ich daran gedacht und mich bestimmt nicht getraut zu fragen. Aber Gott hat das Herz meines Nachbarn dazu bewegt, mir dieses Angebot ohne meine ausgesprochene Bitte zu machen. Weil er meine Not gesehen hat. Ich muss dieses Mal weder laut um Hilfe schreien noch auf irgendeine andere Weise aktiv werden. Die Lösung kommt, bevor ich mich traue, das Problem laut auszusprechen.

Diese Erkenntnis fühlt sich an wie ein Lichtstrahl in der Dunkelheit und ich weiß nun, dass es besser werden wird. Irgendwann werde ich wieder den Kopf frei haben, um einfach durch die Stadt schlendern zu können, ich werde wieder Sport treiben und ich werde wieder Schöner-Wohnen-Farben für mein Zuhause aussuchen wollen. Ich werde irgendwann wieder ich selbst sein können und ich werde nicht nur jeden Abend stundenlang Nachrichten durchforsten, um ja keine Information zu verpassen, sondern auch mal einen Film schauen wollen. In diesem Augenblick ist es noch lange nicht so weit und wir werden noch sehr viele Abende mit dem Handy in der Hand und Nachrichten im Ohr verbringen, aber es wird eine bessere Zeit geben. Diese Gewissheit nehme ich mit dem Schlüssel von der Wohnung meines Nachbarn mit.

Kurz nachdem ich in mein neues Homeoffice ziehen darf, erkundigt Olga sich nach einer Betreuungsmöglichkeit für ihre Töchter. Sie langweilen sich zu Hause und langsam wird uns allen klar, dass dieser Krieg kein sehr schnelles Ende nehmen wird. Mittlerweile sind schon fast drei Wochen vergangen und die Ukrainer sind fest entschlossen, nicht aufzugeben. Ich rufe in unserer Stadtteilschule an, die mich wiederum an das Schulamt verweist. Man weiß noch nicht, wie man mit ukrainischen Kindern verfahren soll. Das ist für mich nicht neu und ich lasse mich nicht entmutigen. Nach einer ausführlichen Mail ans Schulamt wird uns mitgeteilt, dass wir uns wieder an die Stadtteilschule wenden sollen, was ich auch tue. Da ich nun ein offizielles Schreiben besitze, dürfen wir eine Woche später zu einem Aufnahmegespräch kommen.

Ich bin sehr gespannt darauf, denn ich kann mich noch genau an mein eigenes Aufnahmegespräch vor genau dreißig Jahren erinnern. Meine Eltern konnten kaum Deutsch und ich ebenso wenig, aber wir hatten für diesen Tag unsere feinsten Kleider angezogen und meine Mutter hatte mir zwei Zöpfe geflochten. Wir wollten einen guten Eindruck hinterlassen, denn Lernen war in unserer Familie immer wichtig gewesen. Ich durfte dann eine internationale Vorbereitungsklasse besuchen, in der man ausländischen Kindern Deutsch beibrachte. Meine damalige Klassenlehrerin wurde für mich zum Inbegriff einer fürsorglichen und lieben Lehrerin, die mir den Weg in die deutsche Sprache und somit auch in die deutsche Kultur ebnete. Nun hoffe ich, dass Wasilisa auch so einer Lehrerin begegnen wird.

Die kleine Vera wird in drei Wochen sechs Jahre alt und müsste bis zum Schuleintritt noch einen Kindergarten besuchen. Die Kindergartenplätze sind in Stuttgart allerdings heiß begehrt. Ich selbst musste mich noch in der Schwangerschaft auf die Warteliste setzen lassen und bekam den Platz erst im Nachrückverfahren. Wie soll ich nun auf die Schnelle einen Kindergartenplatz für Vera besorgen?

Ich beschließe, das Gespräch mit der Kita-Leitung zu suchen. Das Gespräch ist ernüchternd, denn die Plätze sind alle vergeben, zudem fehlen noch Erzieher. Doch wie viele andere Menschen ist auch unsere Kita-Leiterin entsetzt über den Ukraine-Krieg und möchte helfen. Sie verspricht, mit jemandem im Jugendamt zu sprechen. Grundsätzlich sei bereits offiziell mitgeteilt worden, dass keine ukrainischen Kinder aufgenommen werden könnten. Allerdings sei ich bisher die Einzige, die gefragt habe. Eine Ausnahme wäre vielleicht möglich. Wir müssen warten.

An meinem arbeitsfreien Tag wollen Olga und ich versuchen, im Zentrum der Stadt eine Bank zu finden, die möglicherweise die ukrainische Währung Hrywna in Euro umtauscht. Wir haben immer noch keine Möglichkeit gefunden, Olgas gespartes Bargeld zu wechseln. Das ist in Kiew an vielen Orten möglich. Hier bei uns klappern wir einige große Banken und eine Reisebank ab, überall ohne Erfolg. Keiner hat so richtig Ahnung, was er mit uns und unseren Hrywna anfangen soll.

Ich fühle mich plötzlich sehr müde und erschöpft, will aber noch eine letzte Bank besuchen, in der Hoffnung, doch noch Erfolg zu haben. Als wir in der Eingangshalle stehen und das erneute Kopfschütteln eines Bankmitarbeiters sehen, fällt mein Blick auf eine Frau am Schluss einer Warteschlange, die zur Kasse führt. An ihrer Kleidung erkenne ich sofort, dass sie Ukrainerin ist. Gleich beschließe ich, mich bei ihr zu erkundigen, ob sie möglicherweise schon eine Lösung für das Geldtauschproblem gefunden hat.

Ich spreche sie auf Russisch an. Die Frau erzählt mir, dass sie gestern am Stuttgarter Hauptbahnhof angekommen sei. Sie habe niemanden gehabt und freiwillige Helfer hätten sie in Empfang genommen, um sie zu einer nicht weit entfernten Zweigstelle des Sozialamtes zu begleiten. Dort habe sie eine Unterkunft als auch einen Scheck über 500 Euro bekommen, den sie in jeder Bank gegen Bargeld eintauschen könne.

Ich bin überrascht. Überrascht darüber, dass wir in den letzten Tagen nichts davon gehört haben. Unser erfolgloser Marathon sowohl beim Ausländeramt als auch bei den Banken frustriert mich und ich frage mich, ob Olga ohne mich besser dran gewesen wäre. Dann bekäme sie nämlich wirklich Hilfe, die der Staat für ukrainische Flüchtlinge bereithält. Ich fühle mich erneut müde, ausgelaugt und wünsche mir nichts sehnlicher als mein Bett. Aber die Neugierde treibt Olga und mich zu dieser Zweigstelle des Sozialamtes, wo angeblich Schecks und Unterkünfte verteilt werden.

Vor der Tür beschließen wir, dass Olga allein hineingeht. Wir befürchten, dass wir wieder weggeschickt werden, wenn die freiwilligen Helfer sehen, dass Olga jemanden in Deutschland hat. Wir beschließen auch, dass sie unseren Verwandtschaftsgrad zunächst einmal für sich behält, denn wir befürchten, dass wir auch hier – genauso wie im Ausländeramt – abgewiesen werden. Die Wartezeit vor der Tür kommt mir ewig vor. Ich lehne mich an eine Wand, weil ich das Gefühl habe, schlecht atmen zu können. Tatsächlich ist Olga aber nur wenige Minuten im Gebäude. Sie tritt aus der Tür und erzählt, sie sei von russischsprachigen Freiwilligen in Empfang genommen worden. Als diese erfuhren, dass sie und ihre Töchter einen Platz zum Wohnen haben, schickte man sie nach Hause, da die Behörde heute nur bis 16 Uhr geöffnet hat. Jetzt ist es 16 Uhr 17 und sie soll am nächsten Tag wiederkommen.

Gemeinsam laufen wir nach Hause und haben zum ersten Mal das Gefühl, dass es möglicherweise auch staatlich organisierte Unterstützung für Olga geben wird und wir die Zeit, bis sie wieder nach Kiew zu Sergej fahren kann, für gemeinsame Unternehmungen nutzen können.

Als wir abends wieder gemeinsam am Esstisch sitzen, ist die Stimmung gelöster. Als die Kinder schlafen, bereitet mein Mann uns seinen Lieblingscocktail zu. Früher nannten wir ihn *Moscow Mule* – eine Mischung aus Ingwerbier und Wodka mit Minzblättern und Eis, serviert in einem Kupferbecher mit einem Kupferstrohhalm. Jetzt erfinden wir einen neuen Namen dafür: *Kiew Mule*. Und *Kiew Mule* schmeckt uns sogar noch besser, als *Moscow Mule* es jemals getan hat. An diesem Abend bin ich sogar stolz, in Kiew geboren zu sein. Olgas Mann schalten wir per Video zu und er stößt mit einem Saft mit uns auf unsere Familie an. In der Ukraine ist es zu dieser Zeit verboten, Alkohol zu verkaufen. Die Männer müssen nüchtern und kampfbereit bleiben.

Nach diesem gemütlichen Beisammensein fühlt sich mein Mann sehr müde. Er erzählt, dass ihn seit Tagen ein leichter Husten plagt. Zur Sicherheit macht er kurz vor dem Schlafengehen einen Coronatest, während Olga und ich schon die Zähne putzen. Im Bad höre ich seine Stimme nur gedämpft, aber ich kann die Worte trotzdem verstehen: »Ich bin positiv!«, ruft er überrascht.

Ich renne aus dem Bad und kann es nicht glauben. Zwei dunkelrote Streifen leuchten mir vom Teststreifen seines Schnelltests entgegen. Ich mache auch einen Test. Auch ich bin eindeutig positiv. Nun wird mir der Grund für die anhaltende Müdigkeit klar. Und dann strömen tausend Fragen durch meinen Kopf. Denn wir sind positiv und alle, die mit uns im Haushalt leben, müssen dem Gesetz nach in Quarantäne bleiben. Ich schlafe mit dem Gedanken ein, dass wir alle sieben unsere Wohnung nicht mehr verlassen dürfen.

CORONA UND GOTTES WUNDERSAMES WIRKEN

Alexandra

Wovor ich mich die ganze Nacht gefürchtet habe, wird am nächsten Morgen Realität. Wir sagen alle Termine ab und beratschlagen gemeinsam am Esstisch. Wir erklären Olga, dass auch sie in Quarantäne muss. Sie ist überrascht. In der Ukraine hat man zu dem Zeitpunkt schon fast alle Corona-Maßnahmen fallen lassen. Sie berichtet, dass sogar bei ihrer Arbeit als Stylistin bei einem Fernsehsender viele Corona gehabt hätten und trotzdem zur Arbeit gekommen seien. So auch sie, erst vier Wochen zuvor. Zwar hätten auch ihre Kinder danach zwei Tage Fieber gehabt und seien positiv gewesen, aber Corona sei ja mittlerweile wie eine leichte Grippe.

Olga hatte somit schon zwei Mal Corona und ist zwei Mal geimpft. So etwas wie einen Genesenennachweis kennt sie aber nicht, da in der Ukraine nur freiwillige Absonderung bei einer Infektion besteht und Coronatests knapp 15 Euro kosten. Das will sich kaum jemand leisten, sodass die Dunkelziffer recht

groß sein dürfte und Genesenennachweise keine Vorteile bringen. Hier in Deutschland ist für uns ein solches Vorgehen Anfang
des Jahres 2022 unvorstellbar. Selbst das Entsorgen des Mülls
stellt sich als problematisch dar, weil wir dabei unseren Nachbarn im Treppenhaus begegnen könnten.

»Aber das sind doch eure Nachbarn, sie würden euch doch
nicht ans Amt verpfeifen!«, ruft Olga entsetzt.

»Nein«, sage ich.

Oder doch?, frage ich mich innerlich. Unter uns und über
uns leben russischsprachige Nachbarn, die meisten mit deutschen Wurzeln. Wir haben ein sehr gutes Verhältnis und helfen
einander immer mit Lebensmitteln oder Kinderbetreuung aus.
Aber kann ich mir bei allen meinen Nachbarn sicher sein, dass
sie mich nicht »verpfeifen«?

Ein weiteres Mal stelle ich fest, wie sehr deutsch ich eigentlich bin. Ich finde es wichtig, mich an gesetzliche Vorgaben zu
halten. Das ist wichtig, um ein sicheres und geregeltes Zusammenleben zu garantieren. Aber sobald eine Vorschrift nicht ein-
gehalten wird, bin ich mir nicht sicher, wie meine Umgebung
darauf reagieren wird.

Olga berichtet weiter, dass sich in der Ukraine viele Menschen, die in die EU einreisen wollten, schon vor Monaten einen
digitalen Impfpass besorgt hätten. Besorgen bedeutet in dem
Fall kaufen. Wer sich nicht impfen lassen wollte, konnte einfach
einen Impfpass kaufen. Bei uns in den Medien wurde dagegen
schon vor Monaten berichtet, dass Impfausweisfälscher sehr
hohe Geldstrafen erwarteten. Das schreckt ab. In der Ukraine

kennt Olga kennt keinen, der für ein solches Vergehen bestraft worden wäre.

Ich finde die Unterschiede zwischen beiden Ländern im Umgang mit Corona sehr interessant und frage mich, welches Land den besseren Weg gewählt hat und wie es wohl nächstes Jahr bei uns aussehen wird. Dennoch fühle ich mich in Deutschland sicherer und beschließe für uns, dass wir uns an die Quarantäne halten werden. Die Schnelltests unserer Kinder fallen an diesem Morgen beide negativ aus, dennoch bleiben sie zu Hause.

Olga und ihre Kinder sind genesen, wenn auch ohne Genesennachweis, daher werden sie sich nicht in Isolation begeben. In der aktuellen Situation kann ich mir nicht vorstellen, deshalb Schwierigkeiten zu bekommen. Olga wird uns nun mit Lebensmitteln und weiteren Dingen für den täglichen Bedarf versorgen. Das Erste, was sie vom nahe gelegenen Discounter mitbringt, ist Toilettenpapier.

»Das kann man immer gebrauchen«, sagt sie und zwinkert mir zu. Ich muss schmunzeln – Hamsterkäufe sind sowohl in der Ukraine als auch in Deutschland verbreitet.

Noch am gleichen Morgen schreibe ich meinem Nachbarn eine Nachricht, dass ich wegen meiner Infektion nicht zum Arbeiten in seine Wohnung kommen kann. Seine Antwort kommt nur wenige Minuten später. Er hatte vergessen, mich zu informieren, dass er für eine Woche verreist. Was für ein Zufall! Er schlägt vor, dass die positiv Getesteten bei ihm in der Wohnung leben können. Mal wieder bin ich von Gottes Gnade überwältigt. Er hat die Situation so eingerichtet, dass es uns gut gehen wird.

Er hat uns Platz geschenkt und Olga, die für uns einkaufen wird. Und noch wichtiger: ich habe kaum Symptome.

Gott sei Dank bleiben auch im weiteren Verlauf unsere Symptome sehr mild. Unsere Kinder sind kurz nach uns auch positiv, jedoch ganz symptomfrei. Wir gehen weder zur Arbeit noch zur Schule oder in den Kindergarten. Auch alle Nachmittagsaktivitäten in Vereinen und Musikschulen fallen weg. Doch statt uns zu langweilen, beginnt für uns eine unvergesslich intensive Zeit des Zusammenseins. Wir lesen gemeinsam Kinderbücher und sehen währenddessen nicht auf die Uhr, wir spielen mit den Puppen, bis wir keine Lust mehr haben. Ich habe keinen Druck, Sport zu treiben, und versuche, meinen Körper zu schonen. Diese körperliche Entspannung wirkt sich auch auf meine Seele aus und zum ersten Mal seit langer Zeit kann ich wieder etwas mit der Redewendung *die Seele baumeln lassen* anfangen.

Natürlich komme ich um die Berichte aus meinem Geburtsland nicht herum und versinke immer wieder im Nachrichtenstrudel, der meine Aufmerksamkeit immer wieder einsaugt. Es tauchen immer mehr herzzerreißende und erschreckende Fotos auf. Die einen zeigen Frauen und Kinder, die sich an Bahnhöfen von ihren Männern und Vätern verabschieden müssen, weil sie in Richtung Westen flüchten.

Auf anderen sind Menschen zu sehen, die in der ukrainischen Metro leben. Zelte, Schlafsäcke und viele Gesichter, die

Unglauben und Angst ausstrahlen. Da die Ukraine seit mehr als siebzig Jahren keinen Krieg mehr gesehen hat, sind keine Luftschutzbunker vorhanden. Die Metro verläuft unter dem Fluss Dnjepr und scheint für viele das sicherste Versteck zu sein. Andere verstecken sich in ihren Kellern und versuchen dort, von Vorräten zu leben. Da aber viele Häuser schlecht isoliert sind, sind die Keller weder bewohnbar noch sicher.

Auf einem weiteren Foto sehe ich einen Vater, der im Keller eines Krankenhauses sein Neugeborenes auf dem Arm hält. Ich versuche mir nicht auszumalen, unter welchen Bedingungen die Frauen ihre Kinder zur Welt bringen müssen.

Auf einem Bild sehe ich ein zerstörtes Gebäude, das ich erkenne. Es ist der Sportklub *Avantgarde*, den ich in meiner Kindheit besucht habe, ein traditionsreicher Turnverein. Ich war jeden Tag dort und lernte das Geräteturnen. An diesem Ort habe ich das Hobby gefunden, das mich bis heute begleitet und das für mich in Deutschland den ersten Schritt in die deutsche Gesellschaft bedeutet hat. Bei meinen letzten Besuchen in Kiew habe ich mir immer Zeit genommen, die Sporthalle zu besuchen und den Kindern beim Turnen zuzusehen. Diese Turnhalle ist nun ein Trümmerhaufen aus Glas und Beton. Bei diesem Bombenanschlag wurde glücklicherweise keiner verletzt, denn die Kinder und die Trainer hatten sich in Kellern und in der Metro versteckt. Dennoch kommt unwillkürlich die Frage auf, wieso Russland Turnvereine bombardiert?

Kurz darauf erscheint ein Bericht über einen russischen Bombenanschlag auf ein Krankenhaus in Mariupol. Blutüberströmte Hochschwangere rennen um ihr Leben, eine andere Frau wird auf einer Trage hinausgetragen, um in ein anderes Krankenhaus gebracht zu werden. Später erfahre ich aus den Nachrichten, dass weder das Ungeborene noch die Mutter diesen Anschlag überlebt haben. Da ich besser Russisch als Ukrainisch verstehe, wechsle ich zu russischer Berichterstattung und bin geschockt. Die für uns alle eindeutige Bombardierung eines Krankenhauses wird als militärische Spezialoperation dargestellt. Russische Medien berichten, dass in diesem Krankenhaus sowohl Waffen als auch ukrainische Truppen versteckt gewesen seien, die man habe eliminieren müssen. Die schockierenden Fotos und Videos der Schwangeren werden als Fake deklariert – als ein Propagandainstrument neofaschistischer Regierung, um den Westen zu täuschen.

Obwohl ich nie zuvor zwischen Russland und Ukraine unterschieden habe, fühle ich innerlich Wut aufsteigen. Wieso tun sie das? Wieso stellt sich der eine »Bruder« gegen den anderen, wenn die ganze Welt davon spricht, dass sie »gute Nachbarn« seien?

Sowohl meine Mutter als auch mein Vater sind jüdisch. Das war die einzige Unterscheidung, die ich während meiner Kindheit in der Ukraine kannte. Dort war das Jude-Sein nicht davon abhängig, welche Religion man ausübte, denn alle sowjetischen Bürger waren Kommunisten und überzeugte Atheisten. Das Jüdischsein machte man an einem Eintrag in der Geburtsurkunde oder der Militär-ID fest – dem sogenannten *Paragraf 5*. An dieser Stelle wurde sogar die ethnische Herkunft sowohl der

Mutter als auch des Vaters vermerkt. Jude war eine Nationalität wie Russe oder Ukrainer.

Aber auch im Alltag wurde klar unterschieden. Jüdische Kinder spielten meistens mit anderen jüdischen Kindern und man versuchte, unter sich zu bleiben. Zu meiner Zeit war diese Trennung nicht mehr so stark ausgeprägt wie in der Kindheit meiner Eltern. Ich hatte auch ukrainische Freundinnen. Dennoch wurde ich in dem Bewusstsein erzogen, dass ich vorsichtig sein müsse. Die alte Angst vor Ausgrenzung und Unterdrückung wurde von Generation zu Generation zugegebenermaßen nicht grundlos weitergegeben. Die Ukrainer waren in meinem Weltbild »die anderen«, die nicht so waren wie wir, obwohl wir als sowjetische Bürger alle durch und durch atheistisch und sozialistisch aufwuchsen. Ich konnte diese Unterscheidung also kaum an religiösen Praktiken festmachen. Es war eher die Art, wie man miteinander umging, der starke familiäre Zusammenhalt innerhalb jüdischer Familien und die wenigen jiddischen Sprachfetzen, die man von seinen Urgroßeltern hörte.

Und natürlich der Eintrag in den Personalpapieren der Sowjetunion. In meinen stand: *Vater: Jude, Mutter: Jüdin*. Das war Grund genug, damit zu rechnen, dass ich in diesem Land eher nicht würde studieren können. Diese Unterscheidung hatte ich zwar schon als Kind im Kopf abgespeichert, aber es fehlten die zugehörigen negativen Emotionen, die mit einer solchen Ausgrenzung einhergehen. Ich erinnere mich an meine Kindheit in der Ukraine vielmehr als eine helle Zeit der Geborgenheit, gefüllt mit Abenteuern mit der Familie und mit Freunden, Ausflügen in die Natur und viel Liebe. Ich selbst habe in den neun Jahren in Kiew keinen offenen Antisemitismus erlebt und verbinde mit diesem Land nur schöne Kindheitserinnerungen, zu denen sich mit der Zeit die Erinnerungen unserer Urlaube bei Olga und ihrer Familie gesellt haben.

Während ich jetzt diese verletzten Menschen und zerstörten Häuser sehe, wird mir klar, dass ich für die Ukraine stehe. Ich bin zwar Jüdin und ich bin auch Deutsche. Aber ich habe die prägendste Zeit meines Lebens in diesem Land verbracht und ich darf Partei ergreifen. Ich verfasse einen Post auf meinem Instagram-Profil, indem ich die ukrainische Flagge male und die Worte: *Made in Ukraine* hineinschreibe. Das Bedürfnis, den Menschen dort eine Stimme zu geben und ihnen zu helfen, rechtfertigt meine klare pro-ukrainische Position. Mir ist bewusst, dass das jüdische Volk, aus dem ich stamme, viel Leid in der Ukraine erlebt hat, aber nach neuesten Berichten ist der Antisemitismus in Deutschland in den letzten Jahren stark gestiegen und ich bin trotzdem hier und ich bin Deutsche.

Am 20. Februar 2022, vier Tage vor der russischen Invasion in der Ukraine, ist Olgas Mutter Tatjana mit ihrer Cousine Galina zum ersten Mal in ihrem Leben ins Ausland geflogen. Die Kinder hatten den beiden Frauen einen zehntägigen Urlaub in Ägypten geschenkt. Bei Ausbruch des Krieges befinden sich beide Frauen nun an dem Ort, an dem sie unvergessliche Erinnerungen sammeln wollten, und wissen nicht, wohin. Freundlicherweise dürfen sowohl sie als auch die anderen ukrainischen Urlauber über ihre gebuchte Zeit hinaus im Hotel bleiben. Was sich für viele von uns nach einem Traum anhört, erweist sich eher als eine quälende Zeit, denn beide wünschen sich zu diesem Zeitpunkt nichts sehnlicher, als nach Hause zurückzukehren. Weder der weiße Sandstrand noch das reiche Büfett im Hotel können ihnen die Angst nehmen, nicht nach Hause zurückfliegen zu können. So warten sie im Hotel auf eine Nachricht, was mit ihnen geschehen wird, denn klar ist, dass ein Rückflug nach Kiew für längere Zeit ausgeschlossen sein wird. Drei Wochen später bekommen sie die Nachricht, dass sie nach Rumänien ausgeflogen werden.

Während wir uns in unserer Corona-Quarantäne befinden und draußen der Frühling auf sich warten lässt, stranden die beiden älteren Frauen mit Flipflops und Bademänteln in Bukarest. Olga überredet Tatjana, sich auf den Weg nach Deutschland zu machen. Sie sucht eine Bus- und Zugverbindung für Tatjana und Galina aus und navigiert die beiden Frauen per Handy durch den Flughafendschungel. Doch auch in Rumänien sind Freiwillige an den Terminals aufgestellt, die ihre Hilfe anbieten. Die Frauen erhalten zwei warme Jacken, damit sie die Nacht am Flughafen verbringen können. Da sie keinen Flüchtlingsstatus in Rumänien beantragen, müssen sie auf eigene Faust weiterreisen. Ohne Englisch- oder Deutschkenntnisse schaffen sie es mit Olgas Hilfe, die richtige Bus- und Bahnverbindung zu nehmen, und kommen in einer Freitagnacht müde und hungrig am Stuttgarter Hauptbahnhof an. Ein Koffer ist gerissen und aus dem Loch hängen Badeanzüge und Sommerkleider.

Da wir in Quarantäne sind, will Olga für sie in einem Hotel gegenüber unseres Hauses ein Zimmer für eine Nacht buchen. Danach will sie zu der uns schon bekannten Zweigstelle des Sozialamtes gehen, um nach einer Unterkunft für ihre Mutter und ihre Tante zu fragen. Im Hotel muss Olga zum ersten Mal versuchen, sich auf Deutsch zu verständigen.

»Am schwierigsten ist es, wenn sie antworten und ich bitten muss, es langsamer zu wiederholen«, sagt sie. Aber Olga weiß, dass wir sie nicht dabei unterstützen können und will es selbst schaffen. Stolz erzählt sie mir anschließend, dass sie ein Zimmer bekommen hat. Die eine Nacht ist kostenlos, weil man ukrainischen Flüchtlingen entgegenkommen will, weitere Nächte müssen nach Normaltarif bezahlt werden.

Bei uns macht Olga Brote für die beiden Frauen, die sich endlich nach der langen Reise ausruhen können. In meiner Wohnung fühle ich mich wieder machtlos. Und wieder – wie schon einige Male zuvor – zeigt sich die Stärke meines Gottes mitten im Sturm. Ich überlege, wo ich Kleidung für die beiden Frauen auftreiben könnte, und schreibe unseren besten Freunden, die eine jüdisch-messianische Gemeinde in Stuttgart leiten. Ich bitte um Spenden aus der Gemeinde, weil ich weiß, dass viele Mitglieder im Alter der beiden Frauen sind.

Nicht einmal vierundzwanzig Stunden später stehen meine Freunde vor unserer Tür. Aus dem Fenster sehe ich, wie sie einen vollen Koffer mit Kleidung an die beiden Frauen übergeben. Der Koffer ist neu. Das ist deshalb so besonders, weil messianische Juden, wie die meisten Juden auf der ganzen Welt, bestimmte Dinge am Samstag – dem Sabbat und somit dem absoluten Ruhetag – nicht tun. Eine solche Sache ist das Kaufen und Bezahlen. Diese Koffer sind aber neu, das sehe ich von Weitem. Später erfahre ich, dass eine Frau aus der Gemeinde diesen Koffer gekauft hat, weil sie helfen wollte und die Not anderer Menschen über das Einhalten einer wichtigen Regel gestellt hat. Es ist die individuelle Entscheidung eines jeden Einzelnen, wie er am Sabbat handelt, und ich verurteile niemanden, der bis zum nächsten Werktag gewartet hätte. Aber ich spüre in dem Moment, dass die Kleidung und der Koffer diesen beiden Frauen fern von ihrer Heimat ein Stück Liebe vermitteln. Und ich weiß, dass sie sich in diesem Augenblick etwas weniger verloren und fehl am Platz fühlen.

Tatjana und Galina bleiben nur zwei Nächte im Hotel in Stuttgart, denn eine weitere helfende Hand streckt sich ihnen entgegen. Und das ganz unerwartet und genau im richtigen Moment. Am Tag von Tatjanas und Galinas Ankunft erhält meine Mutter bei der Arbeit im *Evangeliumsdienst für Israel* eine Mail von Bekannten aus Bad Liebenzell mit der Bitte um Übersetzung. Es handelt sich um ein Willkommensschreiben, weil man ukrainischen Flüchtlingen Wohnraum zur Verfügung stellen will. Vorsichtig fragt meine Mutter nach, um was für einen Wohnraum genau es sich handle. Es ist eine Dreizimmerwohnung, die man – solange die Finanzen noch nicht geklärt sind – kostenlos anbieten kann. Nachdem meine Mutter von Tatjana,

Galina und Marianna mit ihrem Sohn erzählt, wird schnell klar, welche Flüchtlinge diese Wohnung beziehen werden. Gleich am Sonntag darf mein Vater die drei Frauen und Michael hinfahren. Dankbar für die Aufnahme und die Sicherheit und trotzdem schweren Herzens und mit Heimweh ziehen die beiden Frauen mit ihrem neuen Koffer in die Wohnung ein.

Zwei Wochen später erfahren wir, dass das Hotel uns gegenüber ab sofort von der Stadt als Notunterkunft für ukrainische Flüchtlinge genutzt werden soll. Es ziehen etwa vierhundert geflüchtete Ukrainer dort ein. Statt Geld gibt es Vollverpflegung und die Zimmer sind schnell voll. Aber die meisten Menschen scheinen zufrieden zu sein, denn es geht das Gerücht rum, dass Messehallen als Flüchtlingsunterkunft umgebaut werden sollen. Es tauchen Bilder von großen Hallen mit Feldbetten im Internet auf, denn der Flüchtlingsstrom scheint nicht abzureißen und die Menschen müssen untergebracht werden.

WIESO DEUTSCHLAND?

Anatoli

Es war im Juni 1992, als wir die Entscheidung trafen, nach Deutschland auszuwandern.

In meinem und im Leben meiner Frau gab es zu der Zeit große Veränderungen. Nur drei Monate zuvor hatten wir eine lebensverändernde Entscheidung getroffen: Wir hatten Jesus als unseren Messias angenommen. Als Juden hatten wir die Möglichkeit, nach Israel auszuwandern. Allerdings wussten wir zu diesem Zeitpunkt zwar von zionistischen Ideen, waren aber selbst keine begeisterten Zionisten und kannten auch keine Bibelstellen, in denen Gott prophezeit, sein Volk in Israel zu sammeln.

Es gab nicht den einen Auslöser für die Entscheidung, unser Heimatland zu verlassen. Es war eher eine Reihe von Ereignissen, die zu einer Situation führten, die uns das Bleiben schwer machte. In den Neunzigerjahren ging der Perestroika der Atem aus. Die Wirtschaft war am Boden. Geografisch lagen die großen Betriebe sehr weit auseinander, beispielsweise wurden die Automotoren in der Ukraine hergestellt und die Reifen in

Russland. Als die Sowjetunion plötzlich nicht mehr existierte, haperte es zwischen den Betrieben in den unterschiedlichen Teilen Großrusslands an der Kommunikation. Weil die Betriebe nicht mehr funktionierten, hatten die Menschen keine Arbeit und kein Geld. Die Bauern wollten nichts mehr verkaufen, weil ihnen keiner einen angemessenen Preis für ihre Erzeugnisse zahlen konnte. Lebensmittel wurden knapp.

Unter diesen Voraussetzungen ist es nicht überraschend, dass Verschwörungstheorien ihren Weg in die Bevölkerung fanden und nicht zuletzt Juden als Schuldige dastehen ließen. So blieb Juden perspektivisch nichts anderes übrig, als das Land zu verlassen. Sie flohen, um ihren Kindern eine Zukunft zu sichern. Sie verließen schweren Herzens ihre Heimat. Sie ließen nicht nur ihre Heimat zurück, sondern auch ihre Kultur und die einsamen Gräber ihrer Verwandten. Es war ein trauriger Abschied.

Auch ich spürte zu dieser Zeit, dass das Leben in der Ukraine zunehmend gefährlich wurde. Jede Woche versammelten sich Tausende von Menschen mit ukrainischen Fahnen im Stadtzentrum auf dem Hauptplatz Maidan und riefen zur Unabhängigkeit auf. Damals arbeitete ich als Fotograf und hielt manche dieser Demonstrationen in Fotos fest. Dabei fiel mir auf, dass die Redner auf der großen Bühne freundschaftliche Beziehungen zu Israel und den Juden propagierten und manchmal sogar Israelfahnen zusammen mit ukrainischen Fahnen gehisst wurden. Als ich mich aber unter die Leute mischte, hörte ich häufig antisemitische Äußerungen. Ich hatte diesen irrwitzigen

Gedanken: *Wenn ich mich jetzt als Jude bekenne, werden sie mich mit dieser Israelfahne erschlagen.*

Das ist leider die ewige jüdische Erfahrung: Solange niemand über uns in der Öffentlichkeit spricht, können wir in Ruhe leben. Sobald man aber laut über Juden zu sprechen beginnt – gleichgültig ob gut oder schlecht –, müssen wir auf der Hut sein. Wenn wir zu dieser Zeit nur den Satz hörten: »Ihr Juden seid das auserwählte Volk«, dann wussten wir, dass es das Zeichen dafür war, dass wir nun eins auf den Deckel bekamen. Und menschlich gesehen können wir tatsächlich sagen: Wir sind zum Leiden auserwählt. In unseren Lehrbüchern steht geschrieben: *Wie die Olive ihr bestes und feinstes Öl hergibt, wenn sie stark zerstoßen und zerquetscht wird, so gibt auch das Volk Israel erst sein Bestes, wenn es schwersten Prüfungen, Belastungen und Schmerzen ausgesetzt ist.*[5]

In den letzten zweitausend Jahren wurden wir überall verfolgt, verjagt und vertrieben: aus England (1290), Deutschland (1298), Spanien (1478–92), Portugal (1493), Russland (1903). Das sind nur wenige Beispiele. Der berühmte jüdische Schriftsteller Scholom Alechem drückte es im Lied des Milchmanns Tewje im Musical *Anatevka* folgendermaßen aus: »Lieber Gott, könntest du vielleicht ein anderes Volk zu diesem Zweck erwählen?« Selbst unsere ukrainischen Freunde sprachen zu dieser Zeit davon, uns verstecken zu wollen, sollte es zu Pogromen kommen.

Zum steigenden Antisemitismus und der instabilen wirtschaftlichen Lage gesellte sich die Angst vor den Folgen der

Reaktorkatastrophe in Tschernobyl. Sechs Jahre danach tauchten unbekannte Krankheiten auf, die besonders Kinder betrafen. Wir wollten das Leben unserer Tochter nicht aufs Spiel setzen.

Als wir beschlossen hatten, das Land zu verlassen, stellte sich die Frage: Wohin? Für unsere Überlegungen lasen wir noch einmal die Briefe unserer Verwandten, die ein Jahr zuvor nach Israel ausgewandert waren. Die politische Lage war angespannt, sie berichteten von Schutzbunkern und Gasmasken und rieten uns von Israel ab. Saddam Hussein schien ein ernst zu nehmender Feind zu sein und man erwartete Krieg in Israel. Wir waren zerrissen, denn eigentlich wollten wir zu unseren Verwandten, aber andererseits sahen wir wenig Sinn darin, von einer Gefahr zur nächsten zu ziehen. Wir beteten und warteten, bis Gott uns seine Antwort geben würde. Gleichzeitig reichten wir sowohl für Deutschland als auch für Israel ein Einwanderungsgesuch ein.

Gott antwortete, indem er uns eine Einreiseerlaubnis für Deutschland zukommen ließ. So nahmen wir diese Entscheidung an und fingen an, unseren Besitz zu verkaufen, um die nötigen Visa und weitere Einreisepapiere besorgen zu können. Da unser Geld nicht reichte, kauften die Eltern meiner Frau für uns die Zugtickets nach Deutschland. Sie wollten uns begleiten. Da meine Frau und ich Fotografen waren, hatten wir einige Fotoapparate. Wir besaßen auch zwei gute Fahrräder. Die Frage war: Was werden wir in Deutschland zunächst benötigen: Fahrräder oder Fotoapparate? Wir entschieden uns für die Fahrräder und verkauften schweren Herzens unsere Foto-ausrüstung. Wir hatten keine Ahnung, ob wir in Deutschland jemals unseren Beruf würden ausüben können. Die Fahrräder aber konnten sehr nützlich sein, wenn wir weit von der Stadt entfernt wohnten. Man hatte uns erzählt, dass der öffentliche Verkehr in Deutschland sehr teuer sei.

Was in Deutschland auf uns wartete, wussten wir nicht. Wir wollten nur noch die Ukraine verlassen. Am Tag der Abreise betete meine Frau: »Herr, wir wissen nicht, was uns in diesem fremden Land erwartet. Wir bitten dich, dass du uns den Weg ebnest!« Gott schenkte meiner Frau nach diesem Gebet eine Vision, in der er ihr versicherte, dass er uns in Deutschland begleiten werde und wir ihm vertrauen könnten. So wurde Deutschland zu unserer Wahlheimat.

Wenn ich auf die letzten Jahre zurücksehe, war da allerdings immer wieder die Frage, wieso wir gerade hier sind. Wieso Deutschland? Zwar gibt es eine Menge rationale Gründe dafür. Dennoch war in mir immer noch ein Rest Unsicherheit.

In den dreißig Jahren meines Lebens in Deutschland durfte ich vieles mit Gott erleben. Schon wenige Monate nach meiner Ankunft in Deutschland beschloss ich, für den Missionsdienst *Evangeliumsdienst für Israel* zu arbeiten, und erwarb parallel einen Master in Theologie an der *Akademie für Weltmission* (AWM). Meine Aufgabe ist auf der einen Seite der Aufbau und die Koordination der jüdisch-messianischen Bewegung in Deutschland und auf der anderen Seite die Aufklärungsarbeit unter deutschen Christen bezüglich der jüdischen Wurzeln ihres Glaubens. Ich sehe mich gerne als Brückenbauer und kann sagen, dass mir bei meiner Arbeit nie langweilig wird. Mein Beruf ist meine Berufung und dennoch habe ich mich in all den Jahren gefragt, ob da nicht noch mehr ist.

Die Antwort auf diese Frage trifft mich wie ein Blitz in dem Augenblick, in dem ich meinen aus der Ukraine geflüchteten Bruder in Deutschland in die Arme schließe: Ich bin ein Josef. Natürlich bin ich immer noch Anatoli, der gerne liest und ungern Fahrräder repariert oder Bücherregale anbringt. Aber ich maße mir an, das Kleid des biblischen Josef anzuprobieren, und merke, wie ich mich dennoch wohl darin fühle.

Auch ich wurde gezwungen, meine Heimat zu verlassen und in ein Land zu gehen, das ich nie zuvor gesehen hatte. Das einzig Wertvolle, das ich mitnahm, war mein frischer Glaube daran, dass Gott sich um mich kümmern würde. Ich wurde zwar weder verkauft noch ins Gefängnis geworfen, aber auch ich musste in den ersten Jahren in Deutschland einiges ertragen, bevor ich meinen Platz in diesem Land finden durfte. Dreißig Jahre später stehe ich da und darf all meine Erfahrungen, all meine Kenntnisse und meine Fertigkeiten dafür einsetzen, um meine Familie vor dem Krieg in der Ukraine zu retten. Ich habe zwar keinen Palast, aber ich habe Freunde, die mir helfen, Unterkunft und alles Notwendige für die Familie meines Bruders zu finden. Ich habe starke Partner, genauso wie die Ukraine starke

Partner hat, die ihr helfen, für sich einzustehen. Meine Freunde in Deutschland sind mein Reichtum und meine Macht und Gott lässt mich den Sinn meiner Einwanderung nun – dreißig Jahre später – vollständig begreifen.

Josef als Bild, als Person und Vorbild lässt mich seitdem nicht los und ich suche nach weiteren Parallelen. Dabei sehe ich, dass Josefs Leben viel mehr ist als nur eine schillernde Geschichte. Es ist ein Vorgeschmack auf etwas viel Bedeutsameres, das passieren wird.

Die Bibel widmet Josef ganze 13 Kapitel und auch aus diesem Grund fand ich seine Person schon immer spannend. Wie viele andere Theologen sehe ich große Parallelen zwischen Josef und Jesus. Eine erste Parallele ergibt sich im Lebensweg. Josef wurde von seinen Brüdern verachtet, dem Vater entrissen und Fremden ausgeliefert. Als sie ihm Jahre später begegnen, erkennen seine Brüder ihn nicht. Nachdem ihnen ihre Schuld bewusst wird, zeigt er sich ihnen als Bruder und die Familie wird zusammengeführt. Josef vergibt seinen Brüdern ihre Schuld und versorgt sie mit allem, was sie brauchen. All diese Dinge lassen sich auf Jesus und uns Menschen übertragen.

Josef wird in der Bibel zudem als *so mächtig wie der Pharao* beschrieben (1. Mose 44,18). Der Pharao war zur damaligen Zeit ein Gott. Josef wurde also gott-ähnlich gesehen. Später sagt Petrus zu Jesus: »*Du bist der Christus, der Sohn des lebendigen Gottes*« (Matthäus 16,16).

Josef war davon überzeugt, dass sein Lebensweg zu Gottes Plan beitrug, obwohl er den Plan als Ganzes vielleicht gar nicht kannte: »*Gott hat mich vor euch her geschickt, damit er euch auf wunderbare Art und Weise am Leben erhält und einige von euch übrig bleiben*«, sagte er zu seinen Brüdern (1. Mose 45,7). Und auch Jesus wusste, dass Gottes Wille sein Leben lenkte: *Doch es war der Wille des Herrn, ihn leiden zu lassen und zu vernichten. Wenn sein Leben jedoch als Opfer für die Sünde dargebracht wird, wird er viele Nachfolger haben. Er wird lange leben und die Absichten des Herrn werden durch seine Hand gedeihen* (Jesaja 53,10).

Gott ließ das Leid in Josefs Leben zu, um daraus etwas Großes wachsen zu lassen. Er ließ ihn in Ägypten zu einem mächtigen Mann werden, um seine Familie aufnehmen zu können. Später spricht die Bibel davon, dass auch Jesus große Macht hat: *Der Vater liebt seinen Sohn und hat ihm Macht über alles gegeben* (Johannes 3,35).

Nachdem sich Josef seinen Brüdern zu erkennen gegeben hatte, schickte er sie los, um den Vater nach Ägypten zu ihm zu bringen: »*Erzählt meinem Vater, wie geachtet ich hier in Ägypten bin. Erzählt ihm alles, was ihr gesehen habt, und bringt ihn schnell zu mir*« (1. Mose 45,13). Auch Jesus sendet Boten aus, um Menschen, die an ihn glauben, zu sich zu holen: *Er wird seine Engel mit lautem Posaunenschall vorausschicken, und sie werden seine Auserwählten von den Enden der Welt sammeln* (Matthäus 24,31).

Ich wage es, noch eine ganz andere Parallele zu Josef zu ziehen. Als im Jahr 1989 die Berliner Mauer fiel, wurden Gesetze verabschiedet, die osteuropäischen Juden die Möglichkeit gaben, unbefristet nach Deutschland einzureisen und hierzubleiben. Diese Gesetzesänderung führte dazu, dass Tausende jüdische Familien kamen, um zu bleiben – eine Tatsache, die nach den Geschehnissen des Zweiten Weltkrieges nur schwer zu verstehen ist. Zurzeit leben mehr als zweihunderttausend Juden in Deutschland.[6] Das ist mehr als in den meisten europäischen Ländern. Unter diesen jüdischen Einwanderern gibt es einige, die Jesus als ihren persönlichen Messias angenommen haben und diese frohe Botschaft anderen aus ihrem Freundes- und Verwandtenkreis erzählen.

Genauso wie Gott seinen Plan mit Josef hatte, hat er auch einen Plan mit den jüdischen Menschen, die nach Deutschland gekommen sind. Ich bin mir sicher, dass Gottes großartiger Plan darin besteht, dass diese Menschen Jesus kennenlernen und ihre jüdische Identität entdecken. Das wird dann das Zeugnis für den großen Gott werden und ein Segen für Deutschland sein. Schon die Möglichkeit, in einem offenen Gespräch die Nazivergangenheit der eigenen Familie in der zweiten und dritten Generation aufzuarbeiten, stellt für viele eine innere Befreiung dar. So ein Dialog ist nur möglich, weil in Deutschland wieder Juden leben. So erfüllt sich das Versprechen, das Gott Abraham gegeben hat: *»Wer dich segnet, den werde ich auch segnen. Wer dich verflucht, den werde ich auch verfluchen. Alle Völker der Erde werden durch dich gesegnet werden«* (1. Mose 12,3).

ENTTÄUSCHUNGEN BEGEGNEN

Alexandra

Während unserer Corona-Quarantäne befindet sich Sergej noch an der polnischen Grenze. Er wohnt bei einer älteren Frau in der Hoffnung, eine Möglichkeit zur Ausreise zu finden, um seine Familie wiederzusehen. Mit ihm wohnen dort weitere Männer, die sich ebenfalls von ihren Frauen und Kindern an der Grenze verabschieden mussten.

Da aber der Krieg andauert, werden die Grenzkontrollen noch gründlicher durchgeführt. Jedem Mann, der das Land illegal verlassen möchte, drohen bis zu zehn Jahre Haft. Gleichzeitig wird berichtet, dass russische Truppen aus Kiew verdrängt werden konnten. Die Einheimischen sehen die geflüchteten Städter nicht gern und es gehen Gerüchte um, dass die jungen Mieter an die Front geschickt werden sollen.

Sergej ist nie in der Armee gewesen und hat keine Ausbildung an der Waffe. Aber wie jeder junge Mann in der Ukraine will er helfen. Er beschließt, die gefährliche Rückreise nach Kiew auf sich zu nehmen und in die Stadt zurückzukehren. Er glaubt, in der Stadt helfen zu können, vielleicht Essen an ältere Menschen oder andere knappe Güter ausfahren zu können. Wenn das nicht funktionieren sollte, will er sich als Wächter an den vielen Kontrollpunkten in Kiew freiwillig melden. Vor allem das Nichtstun und das Warten an der Grenze setzen ihm sehr zu und er wünscht sich, wieder arbeiten zu können. Nicht nur des Geldes wegen, denn er war der Hauptverdiener der Familie, sondern des Gefühls wegen. Des Gefühls, gebraucht zu werden und etwas Sinnvolles zu tun. Ich kann seine Entscheidung für diese gefährliche Rückreise gut verstehen.

Sein Weg führt ihn vorbei an verlassenen und zerstörten Dörfern und wunderschönen Wäldchen. Er wird erinnert an Urlaube in der Ost-Ukraine und an die unbeschwerte Zeit, die er mit Olga und den Mädchen dort einst verbracht hat. Dass in seinem Land tatsächlich ein Krieg ausgebrochen ist, kann er selbst zu diesem Zeitpunkt immer noch nicht fassen. Es fühlt sich eher wie die Rückkehr von einer Geschäftsreise an. Nur dass diesmal niemand zu Hause auf ihn wartet.

Als er die Wohnung betritt, ruft er Olga an. Seine ersten Worte klingen erleichtert. »Ich bin zu Hause, hier ist alles in Ordnung«, sagt er. Später erzählt mir Olga, dass er weinen muss, als er im Kinderzimmer die unaufgeräumten Spielsachen sieht. Das Chaos, das sie hinterlassen haben, erinnert ihn an den Tag der Abreise und an die Angst, die er um seine Kinder hatte. Jetzt sind sie in Sicherheit. Aber sie sind nicht bei ihm und er fühlt sich allein.

Als Erstes legt er seine Matratze im Flur auf den Boden, denn dort ist es am sichersten. Das wird sein Schlafplatz für die nächsten Wochen werden. Sollten Bomben das Haus treffen, will er sich nicht in der Nähe von Fenstern befinden. Abends ist es in Kiew außerdem verboten, das Licht in der Wohnung brennen zu lassen, denn auf diese Weise macht man sich zu einer lebendigen Zielscheibe für russische Angriffe. Auf seinem Handy hat Sergej eine App installiert, die vor Luftangriffen warnen soll. Da sie aber bis zu zwanzig Mal am Tag ein Signal abgibt, schaltet er sie ab. Theoretisch müsste er sich bei einem Alarm zu einem Luftschutzbunker oder in den Keller begeben, aber seine Wohnung ist im fünfzehnten Stock eines Hochhauses und der Umzug in den nicht bewohnbaren Keller ist keine Option für ihn. Die meisten Nachbarn sind geflohen und in den ersten Tagen wacht er mehrmals in der Nacht von den Explosionen um ihn herum auf. Die russischen Truppen befinden sich zu diesem Zeitpunkt in Vororten wie Butscha oder Irpin und beschießen immer noch die Stadt. Aus dem fünfzehnten Stock kann Sergej die Explosionen deutlich sehen.

»Um ehrlich zu sein, habe ich mich mittlerweile an die Explosionen gewöhnt«, erzählt er eine Woche später. »Ich wache immer noch auf, schlafe aber schnell wieder ein.« Ich bin erstaunt darüber, wie schnell sich der Mensch an den Zustand eines Kriegs gewöhnen kann.

Nach seiner Rückkehr meldet sich Sergej wie geplant bei Freiwilligenorganisationen und gibt an, einen Kleinbus zu besitzen, mit dem er Güter ausfahren kann. Diesen hat er früher genutzt, um Filmtechnik zu transportieren. Sein Beruf nannte sich DIT – *digital imaging technician* – und er arbeitete als Berater der Kameraabteilung. Seine Aufgabe war es, das Kamerateam bei der technisch-kreativen Arbeit zu unterstützen. Zudem schnitt er das gedrehte Filmmaterial meistens auch und war somit das Bindeglied zwischen dem Drehort und der Nachbearbeitung. Eigentlich hat Sergej einen Bachelor in BWL, aber er hat, wie viele junge Menschen in der Ukraine, nie in seinem Beruf gearbeitet. Noch während des Studiums hatte er durch einen Freund Kontakt zu einer Produktionsfirma bekommen, die Werbung und Kurzfilme für Russland und andere europäische Länder drehte. Mit Russland habe man seit 2014 die Zusammenarbeit eingestellt, aber einige deutsche Unternehmen hätten bis Kriegsausbruch weiterhin in Kiew gedreht, erzählte er uns damals. Das sei lukrativer, denn die meisten jungen Menschen seien schwarz angestellt. Dadurch genießen sie allerdings auch keinen staatlichen Schutz. Auch Sergej ist somit seit Februar arbeitslos und hat keinen Anspruch auf die sowieso schon sehr geringe staatliche Unterstützung für Menschen, die während des Krieges ihre Arbeit verloren haben.

Bei seiner Ankunft in Kiew teilt man Sergej mit, dass es bisher genug ehrenamtliche Fahrer gebe, er könne sich selbst organisieren und Nachbarn in der Umgebung helfen. Das tut er auch, denn viele ältere Menschen haben mangels Transportmöglichkeiten oder finanzieller Mittel zur Ausreise die Stadt nicht verlassen. Da Kiew langsam und vorsichtig wieder zum Leben erwacht, kann Sergej Medikamente holen oder Arztbesuche erledigen. Dafür bekommt er von einer Nachbarin Borschtsch und die gefüllten Teigtaschen Pelmeni gekocht. Ein guter Tausch, denn zu Hause war bisher Olga fürs Kochen zuständig und mehr als Toast für die Kinder hat er nie machen müssen.

Anatoli

Um mir ein realistisches Bild von der Situation in Kiew zu verschaffen, nehme ich Kontakt zu Sergej auf. Da er mittlerweile in die Hauptstadt zurückgekehrt ist, kann er meines Erachtens die Lage besser einschätzen als jeder andere, der sich zu dieser Zeit in Deutschland befindet. In unserem Telefongespräch erinnern wir uns an die Zeit der sogenannten Orangen Revolution in Kiew.

Im Jahr 2004 war es zu Protesten und Demonstrationen aufgrund von Wahlfälschungen und versuchter Vergiftung eines Präsidentschaftskandidaten pro-ukrainischer Wähler gekommen. Da dessen Wahlfarbe Orange war, trugen seine Anhänger orange Fahnen und orange Kleidung. Orange stand plötzlich für die unabhängige und westlich orientierte Ukraine und überflutete große Plätze und Straßen in Kiew. Als es zu einem Sieg der größtenteils westlich orientierten Bevölkerung der Ukraine kam, waren die Begeisterung und die Hoffnung groß, das Land dem westlichen Fortschritt anzugleichen, mit dem Westen Schritt halten zu können. Der Nationalstolz wuchs in jeder sozialen Schicht und fast jeder junge Mensch träumte davon, die ganze Welt zu bereisen.

Mit dem Angriff Russlands und dem Kriegsbeginn werden die großen Träume nun von einer lebensgefährlichen Realität abgelöst. Angst, Enttäuschung, Müdigkeit und Misstrauen überschatten die Zukunftspläne. Viele junge Frauen entschließen sich, entweder in umkämpften Gebieten zu bleiben oder sogar in die Armee einzutreten, weil die Ausreise ihrer Freunde und Ehemänner nicht möglich ist. Viele setzen dafür ihr Studium aus oder schließen ihr neu gegründetes Unternehmen, denn jetzt ist plötzlich die Zeit da, die eigene Daseinsberechtigung verteidigen zu müssen und um sein Leben zu kämpfen.

Die Frustration ist auch Sergej klar abzuspüren. In meinem Versuch, ihn aufzumuntern, vertraue ich ihm meine persönliche, wahrscheinlich größte Enttäuschung an, die schon einige Jahre zurückliegt, jedoch trotzdem eine der prägendsten meines Lebens ist.

Es war der 26. April 2003. Ich befand mich auf einer nationalen Konferenz messianischer Juden. Die Tage waren gefüllt mit Austausch, Ermutigung und Lobpreis. Wir fühlten alle den Zusammenhalt und hatten neue Ideen, die wir gerne in unseren Gemeinden umsetzen wollten, um den Menschen das Wort Gottes näherzubringen.

Als ich abends freudig mein Zimmer betrat und gerade meine Jacke ablegen wollte, klopfte es an der Tür. Nach dem Öffnen standen zwei junge Mädchen vor mir. Eine von ihnen war eine ehemalige Teilnehmerin unserer Jugendfreizeit *Beth Simcha*, die wir jährlich veranstalten. Sie bat mich, ihrer Freundin von

Gott zu erzählen, da diese viele Fragen hätte. Wir hatten ein langes und sehr offenes Gespräch, an dessen Ende die Freundin ein Gebet sprach, in dem sie Jesus bat, in ihr Leben zu kommen. Ich war so dankbar, das miterleben zu dürfen!

Als sich die beiden verabschiedeten, war es bereits kurz vor Mitternacht. Ich war mir sicher, dass nichts meine gute Laune trüben konnte. Da klingelte mein Handy und ich sah den Namen meiner Frau auf dem Display.

»Deine Mutter ist heute in Kiew gestorben«, sagte sie mir.

Ich verlor die Orientierung. Die Botschaft kam erst einige Minuten später in meinem Gehirn an. Meine Mutter war sechsundsiebzig Jahre alt und meiner Meinung nach kerngesund gewesen. Trotzdem war sie plötzlich und unerwartet an einem Herzinfarkt gestorben. Meine Nichte Olga, die sie an diesem Tag besuchen wollte, hatte sie einige Stunden nach dem Herzinfarkt bewegungslos auf dem Boden ihrer Wohnung gefunden.

Diese Nacht fühlte sich an wie die längste meines Lebens. Als ich die Tatsache realisierte, dass meine Mutter nicht mehr da war, empfand ich eine unbeschreibliche Leere und klagte Gott an. Ich war so wütend, dass er mich den schönen Tag und Abend hatte verbringen lassen, während er wusste, dass meine Mutter starb. Das war so ungerecht!

Mit dieser Enttäuschung schlief ich gegen sechs Uhr morgens ein, um dann eineinhalb Stunden später vom Wecker geweckt zu werden. Überraschenderweise waren all meine negativen Emotionen verflogen und ich empfand einen inneren

Frieden. Nun erlaubte ich der Trauer, mein Herz zu ergreifen, und dankte Gott, dass meine Mutter nicht hatte leiden müssen.

Mein Heilungsprozess ist heute immer noch nicht abgeschlossen. Ich empfinde immer noch tiefe Trauer, wenn ich an meine Mutter denke. Als ich aber zehn Jahre nach ihrem Tod bei einem Besuch in Kiew an ihrem Grab stand, konnte ich Gott danken, dass er mir eine liebevolle Mutter gegeben hatte, die für mich da gewesen war und mit der ich meine Kindheit und Jugend hatte verbringen dürfen. Ich dankte Gott für ihr Leben, dass sie viele glückliche Momente erleben durfte und Leonid und mich hatte. An diesem Ort gab Gott mir die Gewissheit, dass meine Mutter in Frieden ruht.

Wenn ich an meine Enttäuschung damals und an die Enttäuschung vieler ukrainischer Menschen heute denke, frage ich mich, was wirklich hilft. Und ich bin davon überzeugt, dass weniger manchmal mehr ist.

Mit dem Thema Enttäuschung, Entmutigung, Angst und Verzweiflung kennt sich der Prophet Elia sehr gut aus. Als er am Tiefpunkt seines Lebens ankommt, wird er von einem Engel mit einem gerösteten Brot und einem Krug Wasser getröstet – ganz praktisch und ohne viel Tamtam. »*Steh auf und iss!*«, sagt Gott in 1. Könige 19,5 zu ihm. Gott zeigt sich Elia als heilkräftig und weder erschreckend noch gewalttätig oder vernichtend.

Weil auch Elia ein Flüchtling war, erlaube ich mir, eine Parallele zu den Ukrainern heute zu ziehen. Elia ist jedoch als Flüchtling nicht durch zahlreiche Hilfsorganisationen dieser Welt geschützt und er ist nicht ganz grundlos auf der Flucht. Kurz zuvor hat er mit dem Schwert 450 Baals-Propheten abgeschlachtet. 450 – Mose tötete nur einen Aufseher und musste schon deshalb fliehen. Ich muss zugeben, dass ich diese Geschichte in diesem Jahr erst das dritte Mal gelesen habe und überrascht war, wie Gott an dieser Stelle zu mir gesprochen hat. Es geht in der Erzählung nicht um Elia, es geht vielmehr um Gott selbst.

Nach seiner zweiten Mahlzeit wird Elia mitgeteilt, dass er sich auf den Weg zum Berg Horeb machen soll. Das ist ein anderer Name für den Berg Sinai. Er geht vierzig Tage und vierzig Nächte – dann bekommt er eine Offenbarung Gottes. Diese Zahl ist so gerade und so symbolträchtig, denn sie wirkt wie ein Hyperlink zu Mose. Mose verbrachte vierzig Tage und vierzig Nächte auf dem Berg in Gottes Gegenwart und erhielt dann seine einzigartige Offenbarung. Es ist also kein Zufall, dass im Neuen Testament Jesus mit Elia und mit Mose erscheint, denn beide Männer haben tief gehende Erfahrung an gleichem Ort mit Gott gemacht. Durch Mose erhielt das Volk die Thora als Weisung Gottes, mit Elia den größten Propheten. Zusammengefasst kann man also sagen, dass fast die ganze hebräische Bibel durch diese beiden Männer repräsentiert wird.

Und doch wird von Elias psychischem Zustand berichtet, als sei dieser ziemlich labil. Auf der einen Seite sehen wir den Sieg über die Baals-Propheten, auf der anderen Seite direkt danach die Flucht, die Angst und die Depression – ein fürchterlicher Absturz. Durch das Komprimieren, das Verdichten dieser Erlebnisse wirkt der Sieg über die Propheten noch glanzvoller und die Depression noch dramatischer. Ich denke, dass der Autor gerade dadurch auf etwas Wichtiges hindeuten möchte. Zum einen können sich die meisten mit dem Erleben Elias identifizieren und auch Jakobus schreibt: *Elia war ein Mensch wie wir* (Jakobus 5,17). Zum anderen wird hier ein Prinzip deutlich, das bestimmt viele von uns in ihrem geistlichen Leben bereits erlebt haben: geistlichen Erfolgen folgt oft eine Prüfung. Beispielsweise führt der Geist Jesus nach seiner Taufe direkt in die Wüste, wo er Versuchungen widerstehen muss. Klar ist: Die dramatischen Ereignisse, bei denen Gott uns auf die Probe stellt, prägen uns am tiefsten.

Elia flieht und sein Leben ist ernsthaft bedroht. Er steht in der Wüste, legt sich unter einen Wacholderbaum und fleht um den Tod. Er hat seinen Mut verloren. *»Ich habe genug, Herr«, sagte er. »Nimm mein Leben, denn ich bin nicht besser als meine Vorfahren«* (1. Könige 19,4). Als Antwort auf seine Bitten erhält Elia Schlaf, Wasser und Brot. Gott zeigt uns, wie wir mit Hoffnungslosigkeit und Verzweiflung umgehen sollen. Gott ist nicht fertig mit Elia, genauso wenig, wie er in diesen Situationen mit uns fertig ist. Dahinter steht die Botschaft: Verzweifelte Menschen brauchen vor allem Fürsorge und Essen. Gott gebraucht die Tiefpunkte in unserem Leben meistens, um uns seine Fürsorge und seine Hilfe zu zeigen.

Und was ist unser Part, während Gott unterwegs ist, um uns wieder aufzubauen? Am Beispiel Elias denke ich, dass uns eins bleibt: das Vertrauen in seine Allmacht. Und das ist kein leerer Begriff, denn dieses Vertrauen gründet auf einem festen Fundament seines Bundes. Im Laufe der Menschheitsgeschichte schloss Gott mehrere Bündnisse mit den Menschen. Er versprach Abraham Nachkommen, er versprach Mose ein Land, er versprach David den Messias und ein Königreich und im Neuen Bund verspricht er uns, die Sünde zu vergeben. Sein Versprechen ist gleichzeitig auch die Garantie, dass er sich daran halten wird.

So steht in 4. Mose 23, 19: *Gott ist kein Mensch, der lügt. Er ist kein Mensch, der etwas bereut. Hat er je etwas gesagt und nicht getan? Hat er je etwas versprochen und es nicht wahr gemacht?* Und wir können auf sein Wort vertrauen, denn sein Wort hält das Universum zusammen!

Das ist genau die Erfahrung, die ich in diesen Tagen mache. In dem Augenblick, in dem ich realisiere, dass Olga und Marianna zu uns kommen und später Tatjana und Galina, werde ich sehr nervös, denn ich habe keine Ahnung, wo und wie sie hier leben sollen. Parallel bin ich in Gedanken bei Leonid und versuche, alles zu tun, um ihn zu mir zu holen. Zu mir und den sieben Flüchtlingen, die schon bald bei mir eintreffen werden. Natürlich bete ich um eine Lösung. Als in den ersten zwei Tagen keine auftaucht und alles danach aussieht, als müssen alle sieben und zusätzlich mein Bruder mit seiner Frau bei mir und der Familie meiner Tochter untergebracht werden, bin ich entmutigt. Ich verstehe nicht, wieso Gott keine Lösung schickt, und fange an, an meinen Möglichkeiten zu zweifeln. Ich stelle mir bildlich vor, wie alle in meinem Wohnzimmer und im Flur schlafen. In diese Situation spricht Gott seine heilsame Wahrheit hinein. Wenn ich einen Schritt zurücktrete, sehe ich, wie schnell mich die Situation aus der Bahn geworfen hat. Statt darauf zu vertrauen, dass Gott eine Lösung finden wird, bin ich ein Gefangener meiner Angst und meines Pessimismus.

Ich erinnere mich dann an zahlreiche Beispiele aus der Bibel, in denen die Menschen enttäuscht und entmutigt waren, weil Gott nicht getan hat, womit sie gerechnet haben. Als Erstes denke ich an Martha, die über Jesu Zuspätkommen verärgert war, als ihr Bruder Lazarus so krank war und starb. Oder an die Situation an Palmsonntag, als viele Menschen hofften, Jesus würde als Messias die verhassten Römer vertreiben, um sein Reich aufzurichten. Als nichts dergleichen geschah und dieser Jesus auch noch verhaftet wurde, waren diese Menschen enttäuscht.

Die Enttäuschung einer Menschenmenge ist gefährlich. Das können wir am Beispiel Hitlers sehen. Er nutzte enttäuschte Menschen, um die Macht zu ergreifen. Wieso waren sie enttäuscht? Sie hatten gearbeitet, aber die wirtschaftliche Situation brachte nicht den erwünschten Ertrag. Das Prinzip ist einfach: Ich investiere etwas – sei es Kraft, Arbeit oder Geld – und erwarte eine sofortige Belohnung. Gott funktioniert so aber nicht.

Und wenn Gott so nicht funktioniert, wie dann? Aus meiner eigenen Erfahrung mit meinen Verwandten weiß ich, dass es anders geht. Wir müssen lernen, unabhängig von unseren Erwartungen und Wünschen zu leben, und zwar in der Hoffnung und im Vertrauen auf Gottes guten Plan!

An dem Abend, an dem Olga und Marianna mit ihren Kindern bei uns ankommen, sehe ich in ihre müden und verlorenen Gesichter. Die kleine Vera umarmt mich. Sie ist die Einzige, die noch lächeln kann. Ich bringe sie zu uns nach Hause, wo wir schon das Abendessen vorbereitet haben. Während des Essens wird mir plötzlich bewusst, dass hier eine große Familie am Tisch sitzt. Daraufhin danke ich Gott in einem gemeinsamen Gebet, dass er alle bewahrt und unversehrt zu uns gebracht hat. Als ich die Augen wieder aufschlage, sehe ich Tränen in den Augen von Olga und Marianna. Sie sind gerührt, weil sie die Fürsorge Gottes hautnah erleben dürfen. Nach dieser langen Flucht gibt es jemanden, der sich um sie kümmert. In diesem Augenblick wünsche ich mir, dass auch meine Verwandten lernen, Gott zu vertrauen und ihr Leben in seine Hände zu legen. Obwohl wir alle durch diesen Krieg erschüttert sind, sollten wir nicht an seiner Güte zweifeln: *Und wir wissen, dass für die, die Gott lieben und nach seinem Willen zu ihm gehören, alles zum Guten führt* (Römer 8,28).

DIE EIGENE POSITION FINDEN

Anatoli

Die Sowjetunion – das Land, in dem ich geboren und aufgewachsen bin – existiert heute nicht mehr. Ich bin unter Russen und Ukrainern aufgewachsen, allerdings war ich keiner von ihnen, denn ich bin Jude.

Das Narrativ der Sowjetunion zu meiner Zeit lautete: Bei uns sind alle Nationen der großen Völkerfamilie gleich. Die Wirklichkeit sah anders aus: Juden waren nicht willkommen.

Meine Familie lebte in Kiew, der Hauptstadt der Ukraine. Kiew ist eine Metropole mit rund drei Millionen Einwohnern. Zwanzig Prozent von ihnen waren damals Juden, die meisten von ihnen lebten assimiliert. Das bedeutet, dass sie weder äußerlich noch in ihrer Lebensweise oder Wertorientierung von anderen Völkern der Sowjetunion unterschieden werden konnten. Siebzig Jahre Kommunismus hatten ihr Werk an diesem Volk getan und jegliches Streben nach den eigenen Glaubenswurzeln im Keim erstickt. Die meisten ukrainischen Juden kannten somit kaum die Geschichte ihres Volkes und wussten nichts vom Gott ihrer Väter. Oft war es nur der Nachweis im Pass, der ihre jüdische Identität bescheinigte. Auch meine Familie war durchschnittlich sowjetisch und durch und durch säkular.

Und trotzdem konnten Sowjetbürger auf einen Blick Juden von Ukrainern unterscheiden. Es waren für andere Europäer kaum erkennbare Unterschiede wie andere Gesichtszüge, eine andere Art zu kochen, die Sprachmelodie, bestimmte Witze – alles war bei Juden etwas anders.

Wie in ganz Europa gab es auch in der Ukraine schon immer Antisemitismus. Volksgeschichten, Witze und Erzählungen vermittelten das Bild eines gierigen, hässlichen und zu verachtenden Juden. Um die Völker innerhalb der sowjetischen Völkergemeinschaft unterscheiden zu können, bekam jeder im Pass einen Eintrag zur Nationalität. Den Eintrag *Jude* in der Sowjetunion kann man im Grunde dem gelben Stern oder ähnlichen Aufnähern gleichsetzen, die schon lange vor den Nazis in Europa zur Ausgrenzung dienten. In Witzen wurde dieser Pass-Eintrag damals als »die Behindertengruppe« bezeichnet und kein Jude wollte jemals andere in seinen Personalausweis blicken lassen, denn das war peinlich.

Wer als Ukrainer oder Russe galt, hatte das Glück, bei der Entscheidung für einen Beruf oder bei der Suche nach einem Arbeitsplatz nicht eingeschränkt zu sein. Es war ein allseits bekanntes, jedoch ungeschriebenes Gesetz – da eigentlich nicht mit den kommunistischen Werten der Sowjetunion übereinstimmend –, dass nur ein geringer Prozentsatz von Juden an der Kiewer Universität angenommen wurde. Auch in Betrieben waren kaum Juden in Leitungspositionen zu finden. Gleichzeitig versuchte jeder Geschäftsführer, einen jüdischen Berater einzustellen, weil Juden als strebsam und gebildet galten. Warum eigentlich? Erst als ich mich mit der jüdischen Geschichte auseinandersetzte, verstand ich, warum stets so viel Wert auf Bildung gelegt wurde: Wissen konnte nicht gestohlen werden. Juden waren über Jahrhunderte in ganz Europa gejagt und vertrieben worden, sie hatten wenig Möglichkeiten, Besitztümer anzuhäufen. Das war der Grund, weshalb jüdische Eltern sehr viel Geld und Mühe investierten, um ihren Kindern eine gute Bildung zu ermöglichen.

Ich wurde mit zehn Jahren das erste Mal mit meiner jüdischen Volkszugehörigkeit konfrontiert. Ein russischer und ein ukrainischer Mitschüler schlugen mich ohne Grund zusammen und ich hörte währenddessen ihre lauten Rufe: »Du dreckiger Jude!«

Es war klar, dass dieser Ausdruck nichts mit meiner Hygiene zu tun hatte. Woran konnte man also erkennen, dass ein Kind aus einer jüdischen Familie stammte? Es gab in den Schulklassen Namenslisten aller Schüler, in der nicht nur der Name, sondern auch die Nationalität des Schülers eingetragen war. Wir, die vier Juden in der Klasse, hatten immer ein ungutes Gefühl, wenn der Lehrer diese Liste in den Pausen offen auf seinem Tisch liegen ließ. Wir wollten auf keinen Fall, dass unsere Klassenkameraden in die Liste schauten und unser Geheimnis entdeckten.

Nachdem mich meine Mitschüler nach meiner Ansicht grundlos verprügelt hatten, entschied ich mich, herauszufinden, um was es bei der Sache mit den Juden eigentlich ging.

Zu Hause stellte ich meiner Mutter viele Fragen: Was bedeutet Jude? Ist es etwas Schlechtes, ein Jude zu sein? Warum hasst man uns? Kann ein Jude ein Nichtjude werden, um sich alle Unannehmlichkeiten im Leben zu ersparen?

Meine Mutter war nicht in der Lage, mir solche Fragen zu beantworten. Sie glaubte an den Internationalismus, an große sowjetische Ideale und die kommunistische Partei. Ihr Bruder war 1943 bei der Verteidigung der Sowjetunion mit neunzehn Jahren ums Leben gekommen. Vier von ihren Onkeln hatten ihr Leben im Kampf für die Sowjets gelassen. Und so versuchte sie mich davon zu überzeugen, dass es einfach nur schlecht erzogene Kinder gewesen seien, die mich in der Schule beleidigt und geschlagen hatten. Das konnte ich trotz meines jungen Alters nicht glauben und beschloss, meine jüdische Identität auf keinen Fall mehr preiszugeben.

Meine Beziehung zur Ukraine und zu den Ukrainern ist aufgrund dieser Erfahrungen in meiner Kindheit und auch in der späteren Jugend ambivalent. Einerseits sind da die Diskriminierungen, die ich selbst erlebt habe und von denen auch Denkmäler in Kiew zeugen. Auf einem großen Platz im Stadtzentrum steht beispielsweise das Denkmal für Bogdan Chmelnizki, einem als Nationalhelden gefeierten Mann, der für den Tod von geschätzt einhunderttausend Juden verantwortlich ist. Dieser Mann wird so sehr gefeiert, weil er ein Symbol für die ukrainische Identität im Gegensatz zur sowjetischen Unterdrückung darstellt. Auch viele Straßen wurden nach dem Zusammenbruch der Sowjetunion nach ukrainischen Nationalhelden umbenannt, die sich allesamt den Antisemitismus auf die Fahnen geschrieben hatten. Ein weiterer dieser Helden, den die Welt während des Zweiten Weltkrieges kennenlernte, ist Stephan Bandera – ein sehr gehyptes Symbol des ukrainischen Nationalstolzes, der für Widerstandskraft und Überlebenswillen steht. Die schlimmsten Verwüstungen jüdischer Siedlungen gehen auf diesen Mann zurück. Viele europäische Länder haben sich im Laufe der Jahre öffentlich von diesen Verbrechen abgewandt, die Ukraine blieb dagegen in den dreißig Jahren seit ihrer Unabhängigkeit stumm zu diesem Thema.

Auf der anderen Seite habe ich während meiner Besuche in Kiew viele gute Erfahrungen mit Ukrainern gemacht. So haben auch meine Nichten beide ukrainische Männer geheiratet und erziehen ihre Kinder als Ukrainer. Ich schätze diese meine Verwandten und für mich gehören sie voll und ganz zu meiner geliebten Familie.

Nun stehen im Krieg Ukrainer unter Beschuss, es werden ukrainische Frauen und Kinder getötet und ukrainische Männer an der Front erschossen. Für mich stellt sich dabei unweigerlich die Frage, auf wessen Seite Gott mich sehen möchte. Dafür muss ich mich fragen, wo ich momentan eigentlich stehe. Ich erinnere mich an zahlreiche Geschichten, in denen Menschen ihre Position bestimmen und Entscheidungen treffen mussten. Es ist mir wichtig, nach biblischen Maßstäben zu handeln.

Auch hier muss ich an die ersten Menschen denken. Gott fragt Adam: »Wo bist du?« Beim Lesen ist jedem klar, dass Gott nicht wirklich nach Adam wie nach einem verlorenen Gegenstand sucht, denn Gott weiß schon längst, wo und warum sich sein Mensch versteckt. Vielmehr fragt er ihn: »Auf wessen Seite stehst du?«

Adam entscheidet sich dafür, nicht alle Karten sofort auf den Tisch zu legen in der törichten Hoffnung, er könne seine falsche Entscheidung vor Gott verstecken. Gott wünscht sich aber, dass Adam die Verantwortung für sein Leben trägt und ihm selbst bewusst ist, wo er nun steht.

Konkret bedeutet diese Überlegung für mich, dass ich mich fragen muss, ob ich unvoreingenommen pro-ukrainisch sein und die Gräueltaten loslassen kann, die meiner Familie dort widerfahren sind. Es würde bedeuten, dass ich einen anderen Blickwinkel auf die Situation finden muss.

Ich erinnere mich an die Worte aus der Heiligen Schrift, die ich mal gelesen habe: *Wenn ihr das Rind oder den Esel eures Feindes umherirren seht, dann bringt ihm sein Tier zurück. Wenn ihr seht, dass der Esel eures Feindes unter seiner schweren Last zusammengebrochen ist, lasst ihn nicht mit dem Tier allein, sondern helft dem Tier mit ihm zusammen wieder auf* (2. Mose 23,4-5).

Spannend ist, dass im hebräischen Text zwei unterschiedliche Begriffe für das Wort Feind gebraucht werden. Der erste Begriff spricht von einem Zustand aktiver Feindschaft, der zweite von einem Gefühl der Feindschaft und Feindseligkeit, einer feindseligen Haltung. Hier wird geboten, die schwache

Position des Feindes nicht für den eigenen Vorteil auszunutzen, sondern einen Schritt zur Versöhnung zu tun, um zu helfen.

Weiterhin erinnere ich mich an die Worte Hiobs: *Habe ich mich je über das Unglück meines Feindes gefreut und schadenfroh gejubelt, wenn ihm etwas Böses zustieß?* (Hiob 31,29). Das ist allerdings eine rhetorische Frage, mit der Hiob nur seine Antwort bekräftigen will: *Nein, nie habe ich es meinem Mund erlaubt, sich so zu versündigen oder ihm mit einem Fluch den Untergang zu wünschen* (Vers 30). Und Salomo gibt folgenden weisen Rat: *Wenn dein Feind hungrig ist, gib ihm zu essen. Wenn er durstig ist, gib ihm zu trinken* (Sprüche 25,21). Diese Beispiele aus dem Alten Testament führen mich mit meiner Frage zu Aussagen des Neuen Testaments. Was sagt Jesus zum Umgang mit Feindseligkeit und Feindschaft?

Sofort fällt mir die bekannte Stelle aus der Bergpredigt ein:

Ihr habt gehört, dass es im Gesetz von Mose heißt: ›Liebe deinen Nächsten und hasse deinen Feind. Ich aber sage: Liebt eure Feinde! Betet für die, die euch verfolgen! So handelt ihr wie wahre Kinder eures Vaters im Himmel. Denn er lässt die Sonne für Böse und Gute aufgehen und sendet Regen für die Gerechten wie für die Ungerechten. Wenn ihr nur die liebt, die euch auch lieben, was ist daran Besonderes? Das tun sogar die bestechlichen Steuereintreiber. Wenn ihr nur zu euren Freunden freundlich seid, wodurch unterscheidet ihr euch dann von den anderen Menschen? Das tun sogar die, die Gott nicht kennen.
Matthäus 5,43-47

Dieser Text macht mich sehr nachdenklich, denn führt Jesus hier wirklich eine unverbindliche, bleibende Menschenliebe ein? Und ist das nicht wahnsinnig schwer bis hin zu unmöglich, sich daran zu halten?

Ich weiß, dass Jesus zwei Dinge tat: Er betete für Menschen, die ihm nichts Gutes wollten, und er liebte sie. Er betete für sie, denn die unangenehmen Gefühle, die wir mit einer unangenehmen Beziehung erleben, müssen ein Ventil haben. Das war sein Ventil. Er betete für Menschen, die ihn töten wollten, für Menschen, die ihm nicht glaubten, und für die, die ihn auslachten. Er brachte alle seine negativen Gefühle nicht zu diesen Menschen und ließ sie nicht in sich gären, sondern gab sie seinem Vater, der besser damit umgehen konnte. Gleichzeitig *liebte* er diese Menschen. Im jüdischen Verständnis ist Liebe kein Gefühl, sondern ein Commitment – eine freiwillige Verpflichtung, Gutes zu tun. Dieses Liebesverständnis hat mittlerweile seinen Weg in zahlreiche Beziehungsratgeber gefunden. Es steht außerhalb unserer Macht, andere Menschen zu ändern, deshalb müssen wir bei uns selbst anfangen.

Klar ist für mich, dass dieses Gebot nicht von mir verlangt, mich nicht zu wehren oder nicht vor Menschen zu fliehen, die mich und meine Familie bedrohen und töten wollen. Jesus lehrt keinen blinden Pazifismus. Er lehrt nicht, positive Gefühle für Menschen zu empfinden, die vergewaltigen, rauben und morden. Er zeigt mir durch sein Liebesgebot, wie ich dem Hass den Weg in mein Herz versperren kann, um mich nicht von ihm und seinen Auswüchsen vergiften zu lassen.

Aus diesen Überlegungen heraus nehme ich mir vier Dinge vor und lege damit den Grundstein für mein weiteres Verhalten gegenüber Russen, Ukrainern und dem Angriffskrieg Putins.

- Ich werde dem Hass gegenüber Russen keinen Raum geben. Hass ist eine Emotion, die Gott nicht in meinem Herzen sehen will.
- Ich kann meine Familiengeschichte in der Ukraine nicht vergessen. Das muss ich nicht. Ich muss weder den Schmerz verdrängen noch ihn verneinen. Ich habe aber die Möglichkeit, das Beste aus ihm wachsen zu lassen, wenn ich ihn verarbeite und loslasse.
- Ich verurteile den Krieg, den Russland mit unermesslicher Gewalt in der Ukraine führt.
- Ich bin offen für das Leid der Menschen, die aufgrund dieses Krieges leiden. Ich will alles tun, was in meiner Macht steht, um ihnen zu helfen.

Alexandra

In den letzten zwei Jahren seit dem Corona-Ausbruch ist der eigene Impfpass zu einem wichtigen Dokument geworden. Meinen bewahre ich zusammen mit den beiden Mutterpässen auf, die ich zur Geburt meiner Kinder bekommen habe. Das gelbe Heftchen habe ich mit neun Jahren im Juni 1992 bei unserer Einreise nach Deutschland von meinem ersten deutschen

Kinderarzt erhalten. Da ich die Standardimpfungen bereits als Baby erhalten hatte, trug er diese in meinem Impfpass ein und schrieb dahinter in schöner Schreibschrift: *in Russland geimpft*.

Dreißig Jahre lang habe ich mich nicht über diese Formulierung gewundert. Ich hatte auch recht oft erzählt, ich sei aus Russland, denn die Ukraine war in meinem Verständnis »irgendwie« Russland. Oder war Russland die Sowjetunion, die man Russland nannte, weil das die größte der fünfzehn sowjetischen Republiken gewesen war? Da ich ukrainischen Nationalstolz nicht kannte, habe ich mich nie bemüht, darüber nachzudenken. Doch während unserer Corona-Quarantäne stolperte ich über diesen Eintrag.

Bis heute bin ich ein einziges Mal in Russland gewesen: Mit achtzehn Jahren unternahm ich mit meinen Eltern und unseren deutschen Freunden eine Reise nach Sankt Petersburg. Ich liebte die Stadt und die Tatsache, dass ich die Sprache verstand. Es fühlte sich zwar nicht wie ein Nachhausekommen an, aber doch sehr vertraut, und die Sprache eröffnete mir ein Tor zur alten und faszinierenden Zarenwelt. Seit meine Kinder auf der Welt sind, träume ich davon, ihnen den Sankt Petersburger Zirkus zu zeigen. Der Zirkus besitzt ein eigenes, großes Steingebäude im Stadtzentrum, das einem Palast ähnelt. Um den Zirkus zu besuchen, ziehen sich die Besucher die schönsten Kleider an. Es ist nicht nur für die Kleinen ein großes Event. Nun erinnere ich mich wieder an diesen Wunsch und langsam verstehe ich, dass dieser Traum in weite, vielleicht unerreichbare Ferne rückt.

Alle in Deutschland lebenden Auswanderer aus der ehemaligen Sowjetunion sprechen russisch. Wir haben bisher nicht unterschieden, aus welchem Land genau wir stammen. Doch durch den Ukraine-Krieg ist dieses Thema schlagartig neu aufgerollt und zu einem wichtigen Unterscheidungskriterium geworden.

Als Erster berichtet mir ein Freund von seltsamen Blicken in der S-Bahn, während er seine russischsprachigen Kinder in die jüdische Grundschule fährt. Nach diesem Erlebnis weist er sie an, nur noch deutsch in der S-Bahn zu sprechen. Dann erzählt mir eine russische Servicekraft: »Auf einmal hasst einen jeder … Ich weiß nicht, was das mit Solidarität zu tun haben soll. Wir vergießen ja alle Tränen für die Ukraine.«

Andere in Deutschland lebende Russen haben sowohl in der Ukraine als auch in Russland Verwandte, leben meistens seit mehr als dreißig Jahren in Deutschland und können die Vorwürfe, die ihnen entgegengebracht werden, nicht verstehen. Ich höre von Einbrüchen in russische Geschäfte in Deutschland und sehe Bilder in den sozialen Medien, die Schilder an Eingängen von Restaurants zeigen, die die Aufschrift *Russen sind hier nicht willkommen* tragen. Meine russlanddeutsche Nachbarin erzählt mir ebenfalls, dass sie bei der Arbeit versucht, sich nicht als Russin zu erkennen zu geben. Sie befürchtet Anfeindungen.

Leider kommt es auch zu Auseinandersetzungen in vielen jüdisch-messianischen Gemeinden in Deutschland. Da ich mich auf meinem Instagram-Profil klar pro-ukrainisch zeige, bekomme auch ich erboste Nachrichten von pro-russischen

Gottesdienstbesuchern. Man erwarte von mir Neutralität, denn schließlich müssten gläubige Menschen nur Gott im Blick haben, schreibt eine Followerin. *Kriege vergehen und wir müssen damit leben*, schreibt sie.

Aber mein Gemütszustand ist alles andere als neutral. Während meine Cousine unfreiwillig für ungewisse Zeit bei mir leben muss, während jeden Tag auf ukrainischem Boden Menschen in ihren eigenen Häusern von Bomben getötet werden, während wir in Deutschland Angst um das Leben unserer Kinder haben müssen, weil wir nicht wissen, was ein verrückter Diktator mit Atomwaffen in der Hand anstellen kann, kann ich nicht neutral sein. Ich wünsche mir, dass die ganze Welt den Schmerz, den dieser Krieg Menschen zufügt, sehen kann.

Eine Freundin aus dem Studium schreibt mir und weist mich darauf hin, dass der Krieg in der Ukraine nicht der einzige auf der Welt sei. Sie lebt seit Jahren in Afrika und kann nicht verstehen, wieso ich diesen Krieg ernster nehme als die anderen beispielsweise in Syrien oder in Afghanistan. Ich überlege, wieso mich die Bilder aus der Ukraine bis in den Schlaf verfolgen, während sich der Zustand in Afghanistan weniger schlimm anfühlt. Das ist unfair. Sie hat recht. Und gleichzeitig hat sie nicht recht, denn mein Auge hat sich schon längst an Kriegsbilder aus anderen Ländern gewöhnt. Aber mein Leben hat sich noch nie wegen eines Kriegs geändert. Ich habe noch nie persönlich mit einem Betroffenen sprechen können. Und somit fehlt mir im Angriffskrieg gegen die Ukraine die notwendige Distanz, um bei Bildern weiterzuscrollen oder zu schweigen. Plötzlich bin ich Betroffene und mein Inneres schreit vor Ungerechtigkeit und vor Mitleid mit den Frauen, deren Männer im Krieg fallen oder deren Kinder unter Trümmern begraben werden. Ich sehe mir jedes Bild an. Ich sehe es mir genauso an, wie ich mir alte Schwarz-Weiß-Bilder aus Konzentrationslagern angesehen habe und die Gesichter der Menschen gemustert habe. Gesichter, die irgendwie alle Anne Frank ähnlich sahen und denen ich mich im tiefsten Inneren verpflichtet fühle. Verpflichtet, sie mir einzuprägen, damit die Erinnerung an sie erhalten bleibt. Damit die Welt nie vergisst und nie wiederholt, was geschehen ist. Genauso fühle ich mich den Opfern des Ukraine-Kriegs verbunden.

Und dann passiert Butscha. Butscha ist ein kleiner Vorort vor Kiew, der vor der russischen Invasion rund fünfunddreißigtausend Einwohner gezählt hat. Russische Truppen nehmen diese kleine Stadt Anfang März ohne Widerstand ein. Da die russischen Truppen als Erstes die Internetverbindung in besetzten Gebieten kappen, kommen keine Nachrichten aus Butscha in der Welt an. Anfang April ziehen sich die Truppen aus Butscha zurück und der Welt bietet sich ein furchtbarer Einblick in die rohe Realität ihres Krieges. Die Bilder aus der Stadt lösen weltweit Entsetzen aus. Auf Butschas Straßen liegen Leichen von getöteten Zivilisten. Vielen Männern sind die Hände hinter dem Rücken zusammengebunden, die Köpfe umhüllt mit ihren eigenen Kleidern und getötet mit einem Kopfschuss aus direkter Nähe. Später lese ich, dass die Kleider auf dem Kopf dazu dienen sollen, dass die Uniform dessen, der den Schuss abgibt, nicht mit Innereien der Erschossenen befleckt wird. Solche Weisheiten wurden schon in der sowjetischen Armee gelehrt. Man findet nackte Frauenleichen, verstümmelt und vergewaltigt. Frauen, die überleben, berichtet von schrecklichen Dingen, die sie erleiden mussten, und vierzehnjährige ukrainische Mädchen werden ohne Zähne und mit zahlreichen inneren Verletzungen in polnische Krankenhäuser eingeliefert. Kinder werden vor den Augen ihrer Mütter vergewaltigt. Diese Berichte sind meistens in Ukrainisch verfasst, aber ich verstehe den groben Zusammenhang, wenn ich sie lese und mir wird schlecht. Russland bestreitet währenddessen, Zivilisten getötet zu haben. Wieder einmal fühle ich mich machtlos angesichts dieser Gräueltaten.

In den sozialen Medien fällt mir auf, dass immer häufiger Kiew für meine Augen seltsam ungewohnt geschrieben wird, nämlich *Kyiv*. Ich frage mich, wieso es zu diesen Abweichungen kommt, und finde heraus, dass das kyrillische Alphabet nach bestimmten Regeln ins Lateinische übertragen wird. Das wird als Transkription bezeichnet. Da sich Russisch und Ukrainisch trotz ihrer Gemeinsamkeiten unterscheiden, versuchen Berichterstatter die Bezeichnungen ukrainischer Städte nun nach der ukrainischen Schreibweise zu transkribieren. Somit wird aus der russisch transkribierten Stadt Tschernobyl Tschornobyl, aus Charkow Charkiw und aus Kiew Kyiv. Ich schreibe in Großbuchstaben KYIV auf ein Blatt Papier. Es sieht sehr ungewohnt aus. Aber es ist ein Anliegen meines Herzens, auch in dieser kleinen Sache meine Solidarität zu zeigen. Ich bin parteiisch, ich unterstütze diesen Angriffskrieg Russlands nicht, ich bekenne mich als pro-ukrainisch und das darf jeder wissen: Kiew ist für mich ab jetzt Kyiv.

Immer wieder begegne ich Menschen aus christlichen Kreisen, die das Anliegen und den großen Wunsch an mich herantragen, im Ukraine-Krieg »neutral« zu bleiben. Das Gottesbild des netten und friedliebenden Herrn des Neuen Testaments, der alle Menschen liebt, scheint vielen nicht zu erlauben, Partei zu ergreifen. Das Bild eines zahnlosen Gottes, der niemals Gegenwehr leistet und keinen verletzen möchte, ist aber nicht das Bild, das die Bibel mir vermittelt. Für seinen Frieden und die Unversehrtheit seines Volkes setzt sich Gott leidenschaftlich in vielen Situationen ein. Gott trachtet an vielen Stellen in der Bibel nach Gerechtigkeit. So auch beispielsweise in Jesaja:

Deshalb wird das Recht verdrängt, Gerechtigkeit ist weit entfernt. Die Wahrheit strauchelt auf dem Markt und Ehrlichkeit findet keinen Raum. Ja, die Wahrheit hat uns verlassen. Wer das Böse unterlässt, wird ausgeplündert. Als der Herr sah, dass es kein Recht gab, missfiel ihm dies sehr.
Jesaja 59,14-15

Das absichtliche Morden von Frauen, Kindern und Männern ist Ungerechtigkeit, ein individuelles und kollektives Verbrechen der russischen Armee. Und ich sehe keinen Grund dafür, das nicht auszusprechen. Egal, welchen politischen Hintergründen man Glauben schenkt oder ob man die NATO, die USA oder

Russland für diesen Krieg verantwortlich sieht: Den Mord an diesen Menschen haben Soldaten und deren Befehlshaber begangen und begehen ihn weiterhin, indem sie diesen Krieg fortführen.

Und nicht zuletzt gibt es sowohl in Russland als auch auf der ganzen Welt Tausende von Menschen, die diesen Mord verneinen und nicht wahrhaben wollen. Menschen, die mit der Aussage *Es ist alles nicht so eindeutig* versuchen, die Schuld zu relativieren, die Russland durch diesen Krieg auf sich geladen hat. Wir werden niemals alle Hintergründe erfahren, denn die Machthaber dieser Welt haben ihre Interessen und gut gehüteten Geheimnisse. Diese muss ich jedoch nicht kennen, um mich auf die Seite der Babys zu stellen, die niemals mehr schreien werden, weil sie im Keller des Krankenhauses, in dem sie geboren wurden, den letzten Atemzug taten, während Bomben die Dächer über ihnen zum Einsturz brachten.

Ich sehe somit in meiner pro-ukrainischen Einstellung keinen Widerspruch zu meinem Glauben an den großen Gott, der Frieden bringt und Ungerechtigkeit bestraft.

ALLES RUSSEN ODER WAS?

Alexandra

Ich habe eine Freundin aus Russland, die seit zwanzig Jahren in Deutschland lebt und die gleich zu Beginn des Krieges ihr Profilbild in WhatsApp zu einer Taube vor blau-gelbem Hintergrund geändert hat. Für sie war klar, dass dieser Krieg weder zur Selbstverteidigung noch als Abwehr eines Angriffs von ukrainischer Seite begonnen wurde. Daraufhin wurde sie von vielen Freunden aus Russland in WhatsApp gesperrt. Zu groß war die Angst vor Überwachung und Bestrafung. Trotzdem nahm sie den Kontaktabbruch auf sich, weil sie wusste, dass sie sich gegen Unrecht stellte. Und es gibt einige meiner russischen Freunde, die so denken.

Die Tatsache, dass Freunde einen russischen Pass haben, schreckt mich weder ab noch macht sie mich feindselig. Ich kann pro-ukrainisch sein und trotzdem Russen nicht als ein Volk des »Bösen« sehen. Kein Volk ist homogen in seiner Meinung und jeder Mensch hat jeden Tag die Entscheidung zu treffen, nach welchen Werten er leben möchte und kann, unabhängig von seiner Herkunft oder seiner Staatsangehörigkeit. Trotzdem möchte ich in meinem engen Umfeld nicht mit Menschen befreundet sein, die den russischen Angriffskrieg befürworten. Eine Freundschaft muss eine gemeinsame Basis haben, die bei einer solchen Konstellation fehlen würde.

Überraschenderweise höre ich aber in meinem Umfeld immer mehr pro-russische Stimmen. Meistens höre ich pro-russische Argumente von Spätaussiedlern, den sogenannten Russlanddeutschen, die seit mehr als dreißig Jahren in Deutschland leben, sich aber ihrem Geburtsland Russland noch sehr verbunden fühlen. Sie hören russische Pop-Musik, essen gerne traditionelle russische Pelmeni und hören größtenteils russische Nachrichten, da diese in ihrer Muttersprache sind. Nachrichten, in denen das Wort *Krieg* im Zusammenhang mit der Ukraine unter Gefängnisandrohung verboten ist und in denen man von einer »Spezialoperation und ukrainischen Neo-Faschisten« spricht. Diese Menschen sehen alles durch die Brille russischer Propaganda und fühlen sich plötzlich gestärkt in ihrem neu erwachten russischen Nationalstolz.

»My Russaki – Wir sind die Russen«, sagt eines Tages ein junger Mann zu mir, dessen Eltern als Spätaussiedler nach Deutschland gekommen waren. Er selbst ist in Deutschland zur Welt gekommen. Schon fast grotesk wirkt diese Aussage vor dem Hintergrund, dass deutsche Spätaussiedler in Russland bis heute als »Nazis« bezeichnet werden. Zur Zeit meiner Eltern durften die »inneren Feinde« nur Sibirien, die kasachische Steppe und wenige Vororte großer Städte bewohnen, mussten genauso wie jüdische Sowjetbürger in den eigenen Kommunen bleiben und meistens untereinander heiraten. Weiterhin wurden sie in Listen erfasst und im Zweiten Weltkrieg nach Sibirien deportiert, wo sie zu rechtlosen Arbeitssklaven wurden.

Dieser junge Mann hat von seinen Eltern wohl nie erfahren, wieso sie Russland nach dem Zusammenbruch der Sowjetunion verlassen haben, ist mein erster Gedanke nach seiner Äußerung. Doch offenbar scheint das für ihn einfach keine Rolle zu spielen. Nach einem längeren Gespräch verstehe ich, dass der alleinige Nationalstolz oft darin begründet liegt, dass es solchen Menschen an Stolz auf eigene Siege und eigene Erfolge fehlt. Wenn nur der Nationalstolz bleibt, kann die Verbindung jegliche individuelle Unterschiede wertlos machen und die Augen vor der Realität verschließen. Der Realität nämlich, dass Russland wegen seines Präsidenten Putin schleichend, aber deutlich zu einer totalitären Diktatur geworden ist, in der Korruption und Betrug die politische Richtung weisen.

Bei dem Gespräch mit diesem jungen Mann fühle ich mich überrumpelt, schweige schließlich und verabschiede mich höflich, während es in meinem Inneren brodelt. Später am Abend bin ich wütend auf mich selbst. Ich finde keine Ruhe bei dem Gefühl, mich nicht gewehrt zu haben, nicht gegen das Unrecht aufgestanden zu sein. Dieses Gefühl breitet sich unangenehm in meiner Brust aus. Weil ich nicht einschlafen kann, schreibe ich dieses Gebet auf:

Reinige mein Herz von Angst und Ärger. Ich weiß, dass du mich nicht in Sorge sehen willst. Ich vertraue dir, dass du dich um mich kümmerst, so wie du es in deinem Wort versprochen hast. Ich übergebe dir das Päckchen mit allen meinen Sorgen und Ängsten. Herr, fülle mein Herz mit deinem Frieden, sodass ich in dir ruhen kann. Vergib mir, wenn ich heute anders gehandelt habe, als du es dir von mir wünschst. Fülle mein Herz mit deiner Liebe auch für die Menschen, die den Mord an all den unschuldigen Ukrainern befürworten.

Dabei wird mir ein weiteres Mal bewusst, dass Liebe kein Gefühl ist. Ich werde kaum ein positives Gefühl für jemanden empfinden können, der auf der Seite eines Regimes steht, das all das Chaos und das Leid verursacht hat. Aber ich kann Verständnis für die Hintergründe entwickeln, wieso dieser Mensch eine solche Entscheidung trifft, und ich kann ihm in Liebe sagen, dass ich eine andere Ansicht habe.

Nachdem ich häufiger pro-russischen Argumenten begegne und für meine Position in diesem Krieg kritisiert werde, beschließe ich, mich einer direkten Konfrontation in Zukunft zu entziehen. Die Meinung zu dem Angriffskrieg in der Ukraine scheint sogar an die Stelle von Religion getreten zu sein und logische Argumente gelten offenbar nicht mehr.

Anatoli

Ich habe einige russischsprachige Freunde und Bekannte in Deutschland. Die meisten von ihnen sind Auswanderer aus der ehemaligen Sowjetunion, die jüdische Wurzeln nachweisen konnten. Nachdem sich der erste Schock über den Blitzangriff Putins gelegt hat und wirklich alle informiert sind, kommt es in Deutschland zu einer heftigen anti-russischen Reaktion. Die Menschen wollen – genauso wie ich – helfen, etwas tun und nicht tatenlos zusehen. Da noch wenige Flüchtlinge in Deutschland ankommen, richtet sich der aufkommende Hass gegen die Russen in Deutschland.

Nur wie identifiziert man »die Russen«? Einem Deutschen mit ungeübtem Blick für das Aussehen und die Gewohnheiten osteuropäischer Völker bleibt nur, auf die Sprache zu achten. Dabei vergessen die meisten, dass ungeachtet ihrer Volkszugehörigkeit wirklich alle Menschen, die aus der ehemaligen Sowjetunion geflohen sind und seit vielen Jahren in Deutschland leben, Russisch sprechen.

Bis Mitte März 2022, also im Laufe von etwa drei Wochen nach dem Überfall auf die Ukraine, registriert die Polizei laut Stuttgarter Zeitung[7] Hunderte Straftaten gegen Russen und Ukrainer. Von zertrümmerten Fenstern einer russisch-orthodoxen Kirche in Berlin bis hin zu einem Brand an einer privaten russischen Schule ist alles dabei. Es werden Beleidigungen, Bedrohungen und sogar Körperverletzungen gemeldet. Das bestätigt meine Annahme, dass kaum zwischen Ukrainern und Russen unterschieden wird.

Auch in meinem Freundes- und Bekanntenkreis wird von ähnlichen Vorfällen berichtet. Ein Freund arbeitet seit vielen Jahren als IT-Spezialist bei einer Bank. Bisher wurde sein Geburtsort Moskau nie zum Thema gemacht. Nun berichtet er von hasserfüllten Blicken, kleinen Schikanen und unangenehmen Bemerkungen vonseiten seiner Kollegen. Dass er eigentlich Jude ist und seine Gründe hatte, Moskau vor über dreißig Jahren zu verlassen, ist in diesem Augenblick unwichtig.

Auch die Abstammung einer guten Freundin aus Odessa ist nicht von Bedeutung, als sie einen neuen Friseur aufsucht. »Was ist Ihre Muttersprache?«, interessiert sich die Friseurin beim Haareschneiden.

»Ich spreche Russisch«, antwortet meine Freundin, ohne lange zu überlegen. Russisch war und ist schließlich die Sprache, die sie spricht, seit sie vor über fünfzig Jahren in der Ukraine geboren wurde. Der Schock trifft sie beim Begleichen der Friseur-Rechnung, denn sie muss das Doppelte zahlen. Die Begründung, dass sie Russin sei, wird auch offen genannt, doch meine Freundin ist in diesem Augenblick zu geschockt, um etwas zu entgegnen. Einige Stunden und viele Tränen später nimmt sie sich vor, ihre Muttersprache nicht mehr in der Öffentlichkeit zu gebrauchen.

Spannend ist für mich an dieser Stelle die Parallele zum Staat Israel. Es ist erwiesen, dass es weltweit vermehrt zu antisemitischen Überfällen kommt, sobald die Auseinandersetzungen an der Grenze zu Palästina heftiger werden.[8] Dann wollen sich Menschen auf der ganzen Welt für vermeintliche Ungerechtigkeiten rächen, ungeachtet der Tatsache, dass die meisten Juden schon ihr ganzes Leben in New York, Berlin oder Paris leben. *Mitgehangen – mitgefangen*, lautet die Devise. Und jedes Mal kann ich die Entscheidung vieler jüdischer Familien verstehen, ihren Davidstern nur zu bestimmten Anlässen zu tragen und ihre Kinder so angepasst wie möglich zu erziehen.

Aus dieser Erfahrung abgeleitet frage ich mich, ob man einzelne Menschen für die Politik ihres Ursprungslandes verantwortlich machen kann. Vor allem, wenn man nicht weiß, weshalb diese Menschen ihr Heimatland verlassen haben. Es gibt nämlich einen großen Unterschied, ob man sein Land aufgrund von wirtschaftlichen Überlegungen verlässt, wie es die ehemaligen Gastarbeiter in Deutschland getan haben, oder ob man aufgrund von Unterdrückung und Verfolgung hier ist. Die Nachkommen ehemaliger Gastarbeiter besitzen manchmal noch ein Grundstück in ihrem Heimatland. Im Gegensatz dazu kenne ich keinen Juden, der seit dreißig Jahren in Deutschland lebt und noch eine Wohnung in Russland oder in der Ukraine besitzt. Wir selbst haben unseren wenigen Besitz vor der Auswanderung für wenig Geld ukrainischen Nachbarn überlassen.

Aus diesem Grund halte ich es für notwendig, sich ein gewisses Hintergrundwissen zu Osteuropa anzueignen, damit man nicht jeden, der die russische Staatsbürgerschaft hat, als Feind abstempelt. Da unser Staat auf demokratischen Werten gründet, halte ich ein solches Vorgehen nicht nur für dumm, sondern auch für gefährlich. Ich frage mich, welches Feindbild dann als Nächstes folgen könnte und ob unsere Gesellschaft trotz Bildung und technischem Fortschritt immer noch einen Sündenbock braucht – ähnlich dem der mittelalterlichen Gesellschaft.

NEUE TÜREN – NEUE WEGE

Alexandra

Nach meinem ernüchternden Gespräch mit unserer Kita-Leitung sehe ich wenig Chancen, die fünfjährige Vera in einem Kindergarten unterzubringen. Schon vor der Ankunft ukrainischer Flüchtlinge konnte man in Stuttgart nur mit langer Wartezeit einen heiß begehrten Kita-Platz erhalten und nun kommen Tausende von Müttern mit ihren Kindern hierher und wollen am liebsten alle einen weiterhin geregelten Alltag für ihre Kinder. Das ist für die meisten der wichtigste Grund, warum sie die Ukraine verlassen haben. Auch Olga hätte sich nicht entschlossen, die Ukraine ohne Sergej zu verlassen, wären da nicht die beiden Töchter, denen sie weiterhin eine heile und stabile Welt bieten möchte. Und dazu gehört für sie auch, dass ihre Tochter in einem Kindergarten neue Eindrücke sammelt und mit anderen Kindern spielen kann.

Als ich eines Morgens meinen Sohn in die Kita bringe, sehe ich die Kita-Leiterin schon von Weitem winken. »Ich habe eine Idee!«, sagt sie und lächelt mir zu.

Sie erzählt mir, wir seien tatsächlich bisher die Einzigen, die sich in ihrem Kindergarten nach einem Platz für ein ukrainisches Kind erkundigt hätten. Da das Jugendamt bisher noch nicht von Anfragen ukrainischer Flüchtlinge überrannt worden sei, könne man sich vorstellen, unsere beiden Kinder sich einen Platz teilen zu lassen. Praktisch bedeute das eine Überbelegung, die aber nicht wesentlich ins Gewicht falle, weil öfter Kinder aufgrund von Krankheit fehlen würden. Die beiden müssten sich nur einen Platz an der Garderobe teilen.

Bei diesen Neuigkeiten kann ich immer noch nicht glauben, wie schnell offene Türen auftauchen, wo ich es nicht mehr erwartet hätte. Vera ist nach einem Monat zu Hause überglücklich, als einige Tage später die offizielle schriftliche Bestätigung im Briefkasten liegt: Sie ist nun ein Kindergartenkind. Und als wäre das nicht genug, scheint dieser Platz schon vor langer Zeit für sie vorbereitet worden zu sein, denn drei unserer Erzieher sprechen Russisch und eine sogar Ukrainisch. Vera fühlt sich vom ersten Tag an wohl und hat Erwachsene, die ihr die Stabilität vermitteln, für die Olga bereit war, ihren Mann in der Ukraine zurückzulassen.

Schon von Anfang an beobachte ich meinen Sohn und Vera beim Spielen. Zu Beginn ist die Kommunikation schwierig, denn als unser zweites Kind spricht er kein Russisch und ich bin mir nicht sicher, wie viel er versteht. Mit seinen vier Jahren kann er sich auf Deutsch sehr gut ausdrücken, aber wenn es im Spiel an Worten fehlt und Spielsachen nicht geteilt werden können, sieht er oft keine andere Möglichkeit, als zuzuschlagen.

So kommt es häufiger zu Handgreiflichkeiten zwischen ihm und Vera. Selbst wenn etwas aus Versehen passiert, kann mein Sohn das nicht ausdrücken, und so kommt es unter den beiden häufiger zu Missverständnissen. Wenn Vera beleidigt ist, packt sie ihre Sachen und will wegrennen.

Nun werden die beiden auch tagsüber gemeinsam im Kindergarten sein. Ich bin fast sicher, dass sie nicht miteinander spielen werden, wenn andere Kinder dabei sind oder wenn sie sich aus dem Weg gehen können. Die Sprachbarriere scheint zu groß zu sein. Aber auch hier werde ich eines Besseren belehrt. Nach der ersten Woche im Kindergarten erzählen mir Erzieher von dem Dream-Team der beiden. Ich bin überrascht und erkundige mich, in welcher Sprache die Kinder kommunizieren.

»Sie sprechen Russisch miteinander«, berichtet mir die Erzieherin. Ich bin noch mehr überrascht, denn außer Ja und Nein habe ich noch nie ein russisches Wort aus dem Mund meines Sohnes gehört.

Beim Abendessen frage ich ihn ganz nebenbei auf Russisch: »Was möchtest du trinken?«

»Ja hochu wodu s gazom!«, antwortet er ebenfalls auf Russisch. Er möchte Mineralwasser.

An diesem Abend verstehe ich, wie viel Veränderung in den letzten Wochen in unserem Leben stattgefunden hat und wie wenig ich diese Veränderung bisher wahrgenommen habe. Meine Kinder haben durch diese furchtbaren Geschehnisse die einmalige Gelegenheit erhalten, das Stück Identität kennenzulernen, von dem ich selbst nicht wusste, dass ich es besitze.

Sie haben die Möglichkeit, gute Erinnerungen mit der Sprache und den Menschen meiner Kindheit zu verknüpfen und ihre Herkunft, auf die ich bisher kaum Wert gelegt habe, schätzen zu lernen.

Während wir noch auf Veras Kindergartenplatz warten, darf Wasilisa schon eine Vorbereitungsklasse in unserer Stadtteilschule besuchen. Die Klasse besteht aus vierzehn Schülerinnen und Schülern unterschiedlichster Herkunft. Es werden Kinder aus Rumänien, Syrien, Südamerika, Bulgarien und nun auch eins aus der Ukraine mit einem gemeinsamen Ziel versammelt: dem schnellstmöglichen Lernen der deutschen Sprache. Das Konzept ist einfach: jede Woche werden Lernwörter aufgegeben, die die Kinder jeden Tag lernen sollen. So soll ein Wortschatz aufgebaut werden, um im besten Fall ein halbes Jahr später entsprechend des eigenen Alters in eine reguläre Klasse versetzt zu werden. Zusätzlich erhalten die Schüler etwas Matheunterricht.

Wasilisa hat Spaß am Lernen und ich sehe sie jeden Tag mit Olga gemeinsam Wörter wiederholen. Kurze Zeit nach ihrer Einschulung gibt ihre ukrainische Schule bekannt, Onlineunterricht anzubieten. Nur vier der vierundzwanzig Schüler ihrer ukrainischen Klasse sind noch in Kyiv. Der Rest müsste aus dem Ausland teilnehmen. Olga steht nun vor einer schwierigen und grundsätzlichen Entscheidung: Soll sie ihre Tochter weiterhin in der ukrainischen Sprache unterrichten lassen oder die Chance ergreifen, um hier Fuß zu fassen?

Ich weiß nicht, was ich ihr raten soll, denn keiner weiß zu diesem Zeitpunkt, wann der Krieg enden könnte. Es gibt Tage, an denen wir das Gefühl haben, dass Olga bald wieder in ihrer Wohnung bei Sergej sein kann. Dann wiederum sind da Gespräche zwischen uns, in denen mir versehentlich ein »Das solltest du lernen, um es in ein paar Jahren zu können« herausrutscht. Wir sehen uns dann an und lachen über meine Pläne, die so weit reichen, wie keiner von uns eigentlich denken will und kann.

In Bezug auf die Beschulung von Wasilisa entscheidet sich Olga für einen Mittelweg. Vormittags wird die deutsche Schule besucht und nachmittags werden die ukrainischen Aufgaben bearbeitet. Zusätzlich hat Wasilisa Mathe- und Englischunterricht bei einer ukrainischen Privatlehrerin. Privatunterricht ist in der Ukraine weitaus verbreiteter als bei uns, denn die Kosten sind sehr gering. Somit bleiben alle Wege offen, um entweder zurückzukehren oder in Deutschland zu bleiben.

Eines Tages erhalte ich einen Anruf von Wasilisas deutscher Lehrerin. Es hätten sich noch mehr ukrainische Familien gemeldet. Sie wohnen in dem Hotel, in dem auch Tatjana und Galina zwei Nächte übernachtet haben, bevor sie in Bad Liebenzell untergebracht werden konnten. Die Lehrerin bittet mich um Übersetzung bei zwei Aufnahmegesprächen. Ich sage gerne zu und stehe am Tag darauf in der Mittagspause am Schultor.

Zum Gespräch kommen zwei Familien, ein Vater mit seinem Sohn und eine Mutter mit zwei Kindern, von denen eins im Kindergartenalter ist. Sofort drängt sich mir die Frage auf, wieso der Vater des Jungen in Deutschland ist. Ich beschließe aber, diese Frage nicht zu stellen, um ihn nicht möglicherweise in eine unangenehme Situation zu bringen. Schließlich gehen in dieser Zeit viele Gerüchte um, dass Männer mit gefälschten Dokumenten das Land verlassen. Ich begrüße beide Familien auf Russisch und erkläre, dass ich ihre Übersetzerin sei. Die Freude darüber, dass die sprachliche Barriere somit kein Problem darstellt, ist den Erwachsenen an den Gesichtern abzulesen. Wir setzen uns gemeinsam in den Klassenraum und die Lehrerin erklärt das Konzept der Vorbereitungsklasse. Als die ersten Fragen auftauchen, werden diese auf Ukrainisch gestellt. Ich bin zunächst irritiert, aber die Eltern rücken nicht von ihrer Entscheidung ab, kein Russisch zu sprechen. Bis zum Schluss höre ich kein russisches Wort und muss mich sehr anstrengen, um alles zu verstehen. Nun sind von den siebzehn Schülern der Vorbereitungsklasse drei Ukrainer. Ich freue mich, helfen zu können, und gehe mit einem zufriedenen Gefühl nach Hause.

Im Laufe der nächsten Wochen melden sich immer mehr ukrainische Familien aus dem Umkreis, die einen Schulplatz für ihre Kinder suchen. Da die Schule keine Mittel für einen bezahlten Übersetzer stellen will, werde ich bei jedem Gespräch gebeten, dabei zu sein. Mit jedem Termin verstehe ich die ukrainischen Wörter besser und kann Fragen beantworten. Jedoch zeigt sich auch an dieser Stelle die Überforderung unserer Institutionen mit der aktuellen Flüchtlingsthematik. Bis zum Schuljahresende werden insgesamt elf ukrainische Schüler in die Klasse aufgenommen und somit gehören fünfundzwanzig

Schüler zur Vorbereitungsklasse. Eigentlich sollten die Klassen bei vierundzwanzig Schülern geteilt werden, allerdings sieht der Rektor der Schule die Notwendigkeit nicht, die Teilung vorzunehmen. Man wisse schließlich nicht, ob die Schüler blieben.

Immer öfter kommt Wasilisa verwirrt nach Hause und erzählt von Schlägereien unter ukrainischen Jungs. Während des Unterrichts wird kaum deutsch gesprochen und die einzigen neuen Wörter, die Wasilisa in der neuen Klasse lernt, sind ukrainische Schimpfwörter. Kurz darauf erhalte ich erneut einen Anruf der Klassenlehrerin. Sie muss ein Eskalationsgespräch mit den Schülern führen, ich soll als Übersetzerin – wieder kostenlos, da das Schulamt kein Geld für einen Übersetzer bereitstellt – anwesend sein.

An meinem freien Tag komme ich kurz vor dem Klingeln auf den Schulhof. Von Weitem sehe ich die Lehrerin winken, die mich bereits erwartet. Im Vergleich zu unserer ersten Begegnung sieht sie müde und abgekämpft aus. Sie berichtet mir von Schlägereien innerhalb der Klasse, jüngere Erstklässler würden gemobbt und Klassenregeln missachtet. Während ich vor der Gruppe stehe und die Ermahnungen der Lehrerin übersetze, sehen die meisten Unruhestifter zu Boden. Ihnen ist bewusst, dass ihr Benehmen nicht angemessen ist, dass Hausaufgaben gemacht werden sollten und dass körperliche Gewalt nicht geduldet wird. Manche hören aber nach den ersten Sätzen nicht mehr zu, sie stehen auf und laufen durch die Klasse.

Nach der Standpauke sieht mich einer der Schüler an und sagt: »Aber wir wollen doch eh nach Hause.«

Ich verstehe das Problem. Und ich bin mir sicher, dass sich alle Beteiligten in diesem Augenblick nichts sehnlicher wünschen, als diese Schüler in ihrem Zuhause in der Ukraine zu sehen. Dennoch muss nach einer Lösung gesucht werden. Nachdem die Schüler nach Hause gegangen sind, schlage ich der Klassenlehrerin vor, einen anderen Weg einzuschlagen. Während die Schüler vormittags zur Schule gehen, haben ihre Mütter frei. Bestimmt gibt es unter ihnen welche, die bereit wären, im Unterricht zu unterstützen.

Im Laufe der nächsten Woche finden sich mehrere Freiwillige unten den Müttern, sogar ausgebildete Lehrerinnen sind dabei, die bereit wären, die Kassenlehrerin zu unterstützen. Das Ziel ist, dass trotz der fünfundzwanzig Schüler in der Klasse die Ordnung bewahrt werden kann, um ein Lernen der fremden Sprache zu ermöglichen. Leider steht der Umsetzung dieser Idee das Machtwort des Schulleiters im Weg. Zunächst muss die Klassenlehrerin zwei Wochen auf einen Termin warten, um dann aus datenschutzrechtlichen Gründen eine Ablehnung unseres Lösungsvorschlags zu erhalten.

Nachdem Olga und ich diese enttäuschende Nachricht hören, ist uns beiden klar, dass ein effektives Lernen in dieser Umgebung nicht möglich ist. Doch momentan scheint keine andere Lösung vorhanden zu sein und es bleibt uns nichts anderes übrig, als darauf zu vertrauen, dass bald alles gut werden wird.

Zu dem Zeitpunkt wohnt Olga schon seit fünf Wochen bei uns. Mit jedem weiteren Tag wird deutlich, dass der Krieg, der so plötzlich unser aller Leben auf den Kopf gestellt hat, kein schnelles Ende nehmen wird. Erst zögerlich, dann aber immer intensiver beginnen wir, eine eigene Wohnung für Olga und die Mädchen zu suchen. Gesetzlich gesehen dürfen die drei nur sechs Wochen ohne die Genehmigung unserer Vermieterin bei uns wohnen.

Wir wünschen uns, dass Olga in der Nähe bleibt. Das hat den Vorteil, dass die Mädchen weiterhin in den Kindergarten und zur Schule gehen können und wir sie bei Fragen oder Schwierigkeiten schnell unterstützen können. Das Sozialamt teilt inzwischen mit, dass die Mietkosten von ukrainischen Flüchtlingen übernommen werden, solange sie unter einer bestimmten Mietgrenze liegen. Diese Mietgrenze liegt bei ca. sechzig Prozent der Mietkosten in Stuttgart. Vergeblich klappere ich mehrere Inserate im Internet ab. Wir erhalten entweder direkt eine Absage mit der Begründung, dass ukrainische Flüchtlinge keine verlässlichen Mieter seien. Andere antworten gar nicht auf meine Anfrage.

Ich kann die Bedenken der Vermieter verstehen. Auch wir in Deutschland sind verunsichert. Niemand kann abschätzen, wie lange wir ukrainische Flüchtlinge beherbergen müssen und wie viele davon schon bald zurückgehen werden. Unsere Not lässt mich aber verzweifeln. Wie lange werden wir in unserer Wohnung zusammenleben müssen? Die Ungewissheit plagt mich, macht mich ungeduldig und langsam bin ich davon überzeugt, dass das Finden einer passenden Wohnung an ein Wunder grenzen muss.

Ohne viel zu erwarten, schreibt mein Vater eine Rundmail an seine Freunde und schildert unser Anliegen. Daraufhin erhält er von lieben Freunden E-Mails, in denen sie anbieten, Olga bei sich aufzunehmen. Es sind auch Wohnungsangebote dabei. Allerdings müsste sie dafür die Stadt verlassen und ohne Bahnanbindung in einem weiter entfernten Vorort von Stuttgart leben. Olga ist bereit, diesen Schritt zu gehen, weil auch ihr bewusst ist, dass uns das entlasten würde. Nur ich zögere, weil ich natürlich all die Möglichkeiten sehe, die sich ihr dann verschließen. Die Stadt bietet Intensivsprachkurse an und perspektivisch gesehen Arbeitsplätze, die es auf dem Land nicht gibt. Ohne Auto ist sie dort aufgeschmissen und kann zwar die frische Luft genießen, wird aber in Deutschland kaum Fuß fassen können, wenn Sergej nicht bei ihr ist.

In diese Überlegungen hinein taucht wieder eine offene Tür vor uns auf, eine Lösung und ein Geschenk, mit dem wir nie gerechnet hätten. *Hallo Anatoli, ich hätte da eventuell eine Wohnung in Stuttgart für Olga. Falls du Interesse hast, melde dich bei mir*, schreibt eine Bekannte per Mail an meinen Vater. Und wie wir Interesse haben!

Sofort rufe ich mit klopfendem Herzen unter der angegebenen Nummer an. Wir vereinbaren ein Treffen. Die Wohnung ist achthundert Meter Luftlinie von unserer entfernt und wird zu diesem Zeitpunkt kernsaniert. Diese Bekannten hatten meinen Vater erst wenige Wochen zuvor bei einem Seminar kennengelernt, bei dem er als Referent eingeladen war. Ich bin überwältigt von diesem Wunder, das andere vielleicht nur als Zufall bezeichnen würden. Gott hat die richtigen Menschen zum richtigen Zeitpunkt in unser Leben geschickt, um uns nicht nur eine Wohnung zu schenken, sondern sogar eine, die allen unseren Bedürfnissen entspricht! Bei unserem ersten Treffen ist sie noch nicht fertig, aber sowohl Olga als auch mir ist klar, dass diese Gelegenheit nicht zufällig aufgetaucht ist und bald ein neuer Weg für sie in Deutschland beginnen wird.

BLEIBEN ODER GEHEN?

Alexandra

Es dauert noch weitere vier Wochen, bis Olga endlich ihre Wohnungsschlüssel in der Hand hält. Vier mit vielen Erlebnissen prall gefüllte Wochen. Die Diskrepanz, wie es weitergehen wird, zeigt sich deutlich zwischen Olgas Erleben in Deutschland und Sergejs in der Ukraine.

Während Sergej in Kyiv ist und jeden Tag mit Spannung die Nachrichten hört, kauft Olga Haushaltsgegenstände für ihr neues Zuhause. Während er das Alte bewahrt, baut sie etwas Neues auf. Während in der Ukraine Nachrichten verbreitet werden, dass der Krieg in zwei Wochen vorbei sein werde, um den Kampfgeist der Bevölkerung zu stärken, spricht Europa von einem Langzeitkrieg. Die beiden diskutieren am Telefon bis spät in die Nacht, ob ein neues Zuhause in Deutschland der richtige Weg für sie sein könnte. Beide sehen die Situation aus Perspektiven, die unterschiedlicher nicht sein können, aber trotz ihrer Zerrissenheit hat für sie die Zukunft ihrer Kinder erste Priorität. Diese Zukunft sehen sie nicht in einem Land, in dem Kinder lernen müssen, mit Bombenexplosionen zu leben. Egal, wie sehr Olga ihre neue Küche vermisst, die sie erst ein halbes Jahr zuvor nach mühevoller Renovierung der gemeinsamen Wohnung in Kyiv gekauft haben, verlieren diese materiellen Dinge ihren Wert, solange es um die Sicherheit ihrer Kinder geht. Für Olga steht eine Rückkehr zu diesem Zeitpunkt nicht zur Debatte, da es keinen sicheren Ort in der Ukraine gibt.

Anders sieht es bei Tausenden anderen geflüchteten Ukrainern aus. Sie kehren trotz prekärer Sicherheitslage in ihre Heimat zurück. Die meisten treibt der Wunsch nach Familienzusammenführung, aber auch die Verantwortung für ältere Familienangehörige, die nicht ausreisen konnten. Ähnlich geht es Galina, Tatjanas Cousine, die mit ihr aus dem Ägyptenurlaub nach Deutschland geflohen war. Die Angst vor dem Verlust des Arbeitsplatzes und die Verantwortung für ihren zweiundachtzigjährigen Vater, mit dem sie gemeinsam in einem Dorf bei Kyiv lebt, treibt sie zurück.

»Kyiv ist schon zum Alltag zurückgekehrt«, sagt sie, »das Leben geht weiter, es wird warm und Cafés und Restaurants sind wieder geöffnet.«

Nur wenige Stunden nach dem Gespräch wird die Stadt wieder mit mehreren Raketen beschossen. Doch Galina steigt in den ausgebuchten Bus Richtung Kyiv und nimmt den langen Weg auf sich, um ihrem Vater bei der Aussaat zu helfen. Nach einer Fahrt von anderthalb Tagen ist sie gut angekommen und berichtet, sich trotz des Krieges zu Hause sicherer zu fühlen. »Zu Hause ist eben zu Hause!«, haucht sie ins Telefon. Uns bleibt nichts anderes übrig, als für ihre Sicherheit zu beten.

Während Galina für sich die Entscheidung trifft, nach Hause zurückzukehren, unterschreibt Olga den ersten Mietvertrag ihres Lebens. Die meisten Ukrainer sind Wohnungsbesitzer, weil nach dem Zusammenbruch der Sowjetunion Wohnungen für einen sehr geringen Betrag privatisiert werden konnten. Auch meine Großeltern besaßen vor dreißig Jahren eine Zweizimmerwohnung in Kyiv, in der sie gemeinsam mit meinen Eltern und mir lebten. Diese verkauften sie bei der Auswanderung für umgerechnet fünftausend Euro und konnten somit die Tickets für unsere Ausreise kaufen. Die Wohnung, in der Olga und ihr Mann in Kyiv gelebt haben, hat zuvor Tatjana gehört, die sie den beiden bei der Geburt der Kinder überließ und zu Marianna zog. Mieten mussten in der Stadt nur Menschen, die von auswärts kamen.

Nun muss Olga umdenken, nun ist sie eine »von auswärts« und muss neu anfangen. Zudem ist die Wohnung unmöbliert und es ist klar, dass sie Möbel benötigt. Auch diesmal sind wir auf unseren Freundeskreis angewiesen. Ich gründe in WhatsApp eine Gruppe mit dem Namen *Spenden für Olga* und beschreibe die Situation. Innerhalb von wenigen Tagen haben wir ein Kinderbett, einen Schrank, einen Schreibtisch und eine Waschmaschine. Es werden viele Möbel aus Wohnungsauflösungen angeboten. Nun muss Olga sich entscheiden, ob sie provisorisch alle geschenkten Möbel nimmt, ohne darauf zu achten, ob sie ihr gefallen, oder ob sie eine Wohnung nach ihrem Geschmack einrichtet. Zögerlich schlage ich vor, auf eBay-Kleinanzeigen nach gebrauchten Möbeln zu suchen. Sie willigt ein und so verbringen wir die nächsten Tage im Kauffieber bei der Suche nach passenden Möbeln. Es gibt schließlich drei Zimmer einzurichten. Und während in Russland der letzte Ikea-Markt geschlossen wird, weil sich europäische Firmen aufgrund von Sanktionen zurückziehen, ergattern wir eine Couch, einen Esstisch, Bücherregale, ein Doppelbett und ein ausziehbares Gästebett fürs Kinderzimmer. Weiterhin bekommt Olga einen Staubsauger geschenkt und alle Küchenutensilien, die sie braucht. Innerhalb von zwei Wochen haben wir alles gefunden, was sie für die erste Zeit benötigt, und sind stolz darauf, unser Budget von sechshundert Euro nicht überschritten zu haben.

Doch nun stellt sich die große Frage, wie wir all die Möbel in die Wohnung bekommen. Die Miete des Transporters übersteigt Olgas Budget. Auch hier zeigt sich die Hilfsbereitschaft der Menschen in unserer Umgebung. Über Klassenkameraden meiner Tochter erfahre ich, dass ihre Eltern einen Kleintransporter besitzen. Am folgenden Wochenende setzen wir uns am frühen Morgen in den Transporter, um alle Möbel einzusammeln

Das Spannende am Kauf von gebrauchten Möbeln ist das Kennenlernen der Besitzer. Man erhält Eintritt in private Räume fremder Menschen, die man sonst nie betreten hätte. Das ausklappbare Ikea-Sofa, das wir abholen, befindet sich im ersten Stock eines gepflegten 60er-Jahre-Hauses in Halbhöhenlage eines besseren Viertels von Stuttgart, das von einer jungen Lehrerin bewohnt wird. Die Wohnung hat ungefähr die Größe von

Olgas Wohnung und ich wage mich, nach der Höhe der Miete zu fragen. Wie schon erwartet, übersteigt die Miete bei Weitem die Obergrenze dessen, was das Sozialamt bereit ist zu übernehmen. Ein weiteres Mal bin ich unglaublich dankbar für die Wohnung, die wir jetzt einrichten dürfen.

Zwei Wochenenden später sind alle Möbel aufgebaut, die Betten bezogen und die Lampen hängen. Es fehlt nur noch die Küche, die der Vermieter einbauen möchte. Von einer meiner Kolleginnen bekommt Olga einen Kühlschrank geschenkt. Sehr müde, aber zufrieden stehen wir im neuen Wohnzimmer und betrachten unser Werk. Da leuchtet vor der Eingangstür das Sensorlicht auf. Die Wohnung befindet sich im Erdgeschoss und somit gehen wir davon aus, dass jemand vor der Tür steht. Wir sehen alle aus dem Fenster beobachten drei riesige Ratten, die aus einem nahe gelegenen Abfluss klettern und die Straße entlanglaufen. Sie sind so groß, dass der Bewegungsmelder auf ihre Bewegung reagiert, und sie scheinen sich nicht vor dem Licht zu fürchten. Nach dem ersten Schreck bekomme ich ein schlechtes Gewissen. Ich fühle mich für die Sicherheit von Olga und den Mädchen verantwortlich und kann mir nicht vorstellen, sie in der Wohnung allein zu lassen. Gleichzeitig ärgere ich mich über mich selbst und mein Verantwortungsgefühl, denn Olga ist eine erwachsene Frau, der nicht zum ersten Mal im Leben Ratten über den Weg laufen. Ich überlasse es ihr, zu entscheiden, wo sie an diesem Tag übernachten möchte, und entschuldige mich für die Ratten. Olga scheint die Situation entspannter zu sehen als ich, denn sie beschließt, den neuen Lebensabschnitt nun in ihrer

Wohnung zu beginnen, und bleibt über Nacht. Wir umarmen uns und verabschieden uns zum ersten Mal, seit sie vor neun Wochen die deutsche Grenze überquert hat.

Ich komme mit gemischten Gefühlen zu Hause an. Einerseits muss ich zugeben, dass ich erleichtert bin. Es ist befreiend zu wissen, dass ich meinen Rückzugsort wieder für mich habe. Ich brauche keine Rücksicht auf schlafende Kinder zu nehmen und muss nicht überlegen, wie viel Essen für sieben Personen gekocht werden muss. Ich werde bestimmt mehr Zeit für mich haben. Aber gleichzeitig ist es ruhig. Sehr ruhig – und die Wohnung fühlt sich unangenehm leer an. Mir fehlt die Gemeinschaft, zu der wir in der Zwischenzeit geworden sind. Ich erinnere mich kaum an die Abläufe unseres Lebens, bevor der Krieg über uns hereingebrochen ist. In ihrer fröhlichen und hilfsbereiten Art hat Olga jede schwierige Situation entspannt und ich muss mit Erstaunen feststellen, dass mein Mann und ich uns in den letzten neun Wochen trotz kaum vorhandener Zeit zu zweit kein Mal gestritten haben. Ich frage mich, wie unser Leben nun weitergehen wird und ob die gemeinsame Zeit uns nachhaltig verändert hat. Ich kann den nächsten Tag kaum erwarten, um von Olga zu erfahren, wie die erste eigenständige Nacht verlaufen ist.

Mit dem Umzug wird Olga zunehmend selbstständiger. Wo ich zuvor bei Fragen einen Anruf getätigt oder eine E-Mail versendet habe, muss sie nun selbst versuchen, die passenden Wörter zu finden. Direkt nach dem Umzug entscheidet sie sich dafür, einen Intensivsprachkurs zu beginnen. Da beide Kinder vormittags in der Betreuung sind, hat sie die Möglichkeit, diese Zeit zu nutzen. Wir finden gemeinsam einen Sprachkurs fünf Minuten von ihrer Wohnung entfernt. In ihrer Klasse sind hauptsächlich Ukrainerinnen und auch das ist für sie ein weiterer Schritt in die Selbstständigkeit, denn nun ist sie unter Menschen, die das Gleiche durchmachen wie sie. Man tauscht Informationen zu sozialen Leistungen aus und erinnert sich gemeinsam an friedliche Zeiten in der Ukraine. Olga erfährt, dass man bei der *Tafel* günstig Lebensmittel kaufen kann, und wird zu ukrainischen Demonstrationen eingeladen. Die Menschen, die den Sprachkurs mit ihr beginnen, sind nur ein kleiner Teil der ukrainischen Flüchtlinge in Deutschland und haben eins gemeinsam: das Verständnis dafür, dass man sich mit der Kultur und der Sprache des Gastlandes auseinandersetzen muss, um hier anzukommen. Das ist leider bei vielen Flüchtlingen nicht der Fall und die Unterschiede werden von Woche zu Woche deutlicher.

Diese Unterschiede zeigen sich auch unter den Kindern in Wasilisas Schulklasse. Kurz nach dem Umzug in die neue Wohnung spitzt sich die Lage zu. Die ukrainischen Kinder sind weiterhin schwer zu bändigen und die Schule findet keine Möglichkeit, Ruhe im Unterricht zu schaffen, um den Kindern die Sprache näherzubringen. Da Wasilisa jetzt in einem anderen Stadtteil lebt, beschließe ich, eine andere Stadtteilschule anzufragen. Ich erinnere mich, dass eine Nachbarin dort Lehrerin gewesen ist. Nach einmaligem Klingeln wird mein Anruf entgegengenommen und ich darf mein Anliegen schildern. Ich berichte von der überfüllten Klasse und der Unfähigkeit der Schule, ein angemessenes Lernen zu ermöglichen. Weiterhin beteuere ich, dass Wasilisa wirklich lernen möchte. Auch meine Nachbarin, die Lehrerin, ruft die Rektorin an, um ein gutes Wort für uns einzulegen.

Die Schule ist nicht auf Flüchtlingskinder spezialisiert und bietet keine Vorbereitungsklassen an. Jedoch ist man bereit, ein Experiment zu starten und Wasilisa in eine reguläre zweite Klasse aufzunehmen. Olga ist begeistert von der Idee und schon wenige Tage später steht Wasilisa mit ihrem großen Schulranzen vor dem Eingang und ist bereit, diese Herausforderung anzunehmen. In den folgenden Wochen muss sie eine hohe Frustrationstoleranz entwickeln, denn nicht nur die Sprache stellt eine Barriere dar, sondern auch das andersartige Essen in der Mittagspause. Ukrainer essen gerne Suppen. Das sind keine pürierten Suppen, wie wir sie in Deutschland kennen, sondern eher Eintöpfe, die mehr Suppenbrühe enthalten, als wir es hier kennen. Es ist die Überzeugung verbreitet, dass Kinder jeden Tag einen Teller Gemüsesuppe essen sollten. An der deutschen Schule gibt es Spinatauflauf, Maultaschen und Würste. Da Wasilisa diese Gerichte nicht kennt, nimmt sie zwar aus Höflichkeit einen vollen Teller, lässt ihn jedoch unangerührt stehen. Nach der ersten Schulwoche wird Olga von der Lehrerin gefragt, ob Wasilisa eine Essstörung habe. Olga ist überrascht, denn sie sieht kein Problem darin, dass Essen, welches einem nicht gefällt, nicht gegessen wird. Dafür bekommt ihre Tochter ein zusätzliches Butterbrot in ihre Pausenbox.

Mehr Sorge macht sich Olga um den Lernstoff und Wasilisas Lernfortschritte in der neuen Schule. Es sind nur noch acht Wochen bis zu den Sommerferien und sie befürchtet, dass Wasilisa aufgrund des kleinen Wortschatzes nicht in die dritte Klasse versetzt werden könnte. Zu diesem Zeitpunkt halte ich es für besser, Wasilisa die zweite Klasse wiederholen zu lassen und ihr Zeit zu geben, die deutsche Sprache zu lernen. Als ich mit neun Jahren nach Deutschland gekommen bin, haben sich meine Eltern auch entschieden, mich die dritte Klasse wiederholen zu lassen. Das scheint mir der beste Weg zu sein.

Unsere Überlegungen werden von einer E-Mail aus Kyiv lahmgelegt. Olga wird mitgeteilt, dass sie bis zum 1. September zurück sein müsse, um ihren Schulplatz weiterhin behalten zu können. Es seien viele Flüchtlinge in der Stadt, man wolle die neuen Kindern beschulen und könne keine Plätze mehr reservieren, sollten sich die Kinder bis zum Schuljahresbeginn nicht im Land befinden.

Ich sehe Olgas Zerrissenheit und kann ihr kaum einen Ratschlag geben. Obwohl ich weiß, dass ich sie mittlerweile sehr vermissen werde, kann ich verstehen, dass sie gerne nach Hause möchte. Und sie ahnt langsam, dass ihr Aufenthalt in Deutschland kein in die Länge gezogener Urlaub ist, sondern möglicherweise eine Weichenstellung für viele Jahre, womöglich für das restliche Leben ihrer Familie. Das verstehen auch viele andere geflohene ukrainische Frauen und entscheiden sich bewusst gegen eine Integration in Deutschland. Ich ertappe mich dabei, wie ich sie innerlich verurteile. Schließlich waren wir vor dreißig Jahren in einer ähnlichen Situation und haben alles dafür getan, um uns zu integrieren. Dann komme ich aber mit einer ukrainischen Frau auf der Straße ins Gespräch. Sie beklagt sich über mangelndes Verständnis deutscher Berichterstattung über die Integrationsbereitschaft ukrainischer Flüchtlinge.

»Sie müssen ganz klar zwischen Flüchtlingen und Einwanderern unterscheiden«, sagt sie entschlossen. Einwanderer seien vorbereitet auf die Ausreise aus ihrem Heimatland, hätten ihr Hab und Gut verkauft und seien bereit, ein neues Leben in Deutschland zu beginnen. »Wir sind nur Flüchtlinge und wirklich dankbar für alles, was wir hier an Hilfe erhalten. Aber wir wollen zurück nach Hause. Wir wollen weder Deutsch lernen noch länger als nötig hierbleiben«, beklagt sie sich. »Wir sind nicht freiwillig da und wir werden auch nicht für immer hier bleiben.«

Das Gespräch bringt mich zum Nachdenken. Erwarte ich etwa zu viel von den Menschen, die aufgrund von Russlands Angriffskrieg hier gestrandet sind? Projiziere ich womöglich meine eigenen Erfahrungen auf ihr Schicksal und übersehe bedeutsame Unterschiede?

Kurz darauf werde ich zu einem Eskalationsgespräch in unsere Stadtteilschule gebeten. Die Jungen, die schon vor Wochen Schwierigkeiten bereitet haben, werden von Ausflügen ausgeschlossen, weil sie sich während einer Autorenlesung in unserer Stadtbibliothek zuerst geprügelt haben und dann vor den Augen des Autors in der ersten Reihe demonstrativ »eingeschlafen« sind. Die Eltern sind empört, die Lehrerin braucht einen Übersetzer. Obwohl ich wenig Zeit habe, sage ich zu, denn ich sehe die Not der Lehrerin. Zum Gespräch erscheinen nur zwei der eingeladenen Familien. Ich halte für mich interessiert fest, dass bei beiden Familien sowohl Mutter als auch Vater anwesend sind. Das ist eigentlich eine Seltenheit und ich nehme mir vor, dieses Mal zu fragen, wie die Väter ausreisen konnten.

Nachdem die Lehrerin von den Vorkommnissen in der Schule und dem Fehlverhalten der Jungen berichtet hat, sind die Eltern kaum überrascht vom Verhalten ihrer Söhne. Sie führen es auf die Umstellung und die neue Situation zurück. Die Probleme seien erst in Deutschland aufgetreten. Man müsse ihnen mehr Zeit geben. Sie seien erst seit vier Monaten in Deutschland, da sei es unmöglich, schon eine angemessene Motivation zum Lernen mitzubringen. Ich muss an die kleine Wasilisa denken, die täglich deutsche Wörter paukt, um alles besser verstehen zu können.

Als die Wogen etwas geglättet sind, erzählen mir die Familien, dass sie in einer Woche aus dem Hotel gegenüber unserem Haus in eine andere Unterkunft in einem anderen Stadtteil umziehen werden. Mit einem kaum sichtbaren Grinsen übersetze ich diese überraschende Neuigkeit der Klassenlehrerin. Diese ist sichtlich erleichtert. Die Unruhestifter scheinen bald zumindest für sie kein Problem mehr zu sein.

Nach dem Gespräch mit der Klassenlehrerin verlasse ich gemeinsam mit den Familien das Klassenzimmer und stelle die unangenehme Frage nach der Ausreise der Väter. Eine Familie hat drei Kinder und ist nach Stuttgart gekommen, weil sie einen Weinberg in der Ukraine besitzt und gehört hat, dass im Süden Deutschlands Wein angebaut werde. Die Eltern erzählen, dass sie sich nicht vorstellen könnten, in einer Mietwohnung zu leben, denn in der Ukraine hätten sie ein eigenes Haus. Allerdings kosten Häuser in der Ukraine nur einen Bruchteil des Preises in Deutschland, weshalb die Familie davon ausgeht, dass sie bald zurückkehren wird.

Der Vater des zweiten Jungen ist ehemaliger Soldat aus Sjewjerodonezk. Sjewjerodonezk ist eine Stadt im Osten der Ukraine mit einer großen Chemiefabrik für Düngemittel. Sie ist zu diesem Zeitpunkt, im Juni 2022, aufgrund der Bedeutung dieser Fabrik fast vollständig von russischen Truppen zerstört und eingenommen worden.

»Ich darf nicht zurück«, gibt der Mann kleinlaut zu.

Ich nicke verständnisvoll und obwohl tausend weitere Fragen in meinem Kopf herumschwirren, bleibe ich stumm. Schließlich ist ein geflohener Soldat bestimmt nicht stolz auf seine Entscheidung. Und mir ist klar, dass er Todesgefahr ausgesetzt gewesen sein muss, bevor er den sicheren, deutschen Boden betreten hat.

Und dann frage ich mich, ob Männer nicht genauso wie Frauen ein Recht darauf haben sollten, Nein zum Krieg sagen zu dürfen? Ist nur ein kämpfender Mann ein guter Mann? Mich wundert, dass es unter den Ukrainern kaum jemanden gibt, der das Ausreiseverbot der Männer kritisiert. Es scheint das Ideal verankert zu sein, dass Männer ihr Land verteidigen müssen.

Olga und ich sehen das anders. Denn während Männer im Sport oder beim Tragen von Möbeln Frauen überlegen sein mögen, sind sie es bei Bombenangriffen und Artilleriebeschuss nicht. Dass nur Frauen ausreisen dürfen, hat sicher auch damit zu tun, dass sie sich um ihre Kinder kümmern sollen, aber auch mit dem überwiegend patriarchischen Denken in der Ukraine. Wieso aber gilt nur ein kämpfender Mann als ein guter und nicht derjenige, der sich in Sicherheit bringt, um für seine Familie sorgen zu können? Und ist nur ein Soldat männlich genug, um in der Gesellschaft Ansehen zu finden? Wie grausam ist es, Menschen nur aufgrund ihres Geschlechts das Recht auf Sicherheit zu nehmen?

Bei ihrem Sprachkurs lernt Olga ein Ehepaar kennen. Der Mann ist schon zu Beginn des Krieges mit gefälschten Papieren nach Deutschland gekommen. Nachdem sie von Olgas und Sergejs Schicksaal hören, bieten die beiden Olga an, sie an die Organisation zu vermitteln, die gefälschte Ausreisepapiere ausstellt. Für siebentausend Dollar kann man ein Dokument erwerben, das eine legale Ausreise noch vor dem 24. Februar bescheinigt. Auf diese Art und Weise gilt man nicht als Deserteur und kann nach Ende des Krieges wieder einreisen.

Dieser Vorschlag klingt zunächst sehr verlockend. Aber abgesehen davon, dass Olga zunächst gar nicht weiß, wo sie siebentausend Dollar herbekommen sollte, erscheint dieses Unterfangen bei näherem Hinsehen sehr gefährlich. Wir fragen uns, was mit den Männern geschieht, die mit falschen Papieren bei ihrer Flucht an der Grenze gefasst werden. Zweifelsfrei sind sie der Willkür der Soldaten ausgesetzt, die sie fassen. Im besten Fall drohen ihnen zehn Jahre Haft, im schlimmsten Fall der Tod. Außerdem ist nicht klar, ob man dieser Organisation wirklich trauen kann, denn das Geld muss im Voraus vollständig bezahlt werden. Und nicht zuletzt will sich Sergej auf keinen Fall auf eine solche Flucht einlassen. Es muss einen anderen Weg geben. Nach fast vier Monaten Trennung entscheiden sich die beiden fürs Warten. Sie wollen einen ungefährlicheren Weg finden, um sich zu sehen.

Vier Wochen nach Wasilisas Schulwechsel wird Olga zu einem Jahresabschlussgespräch mit ihrer Klassenlehrerin eingeladen. Ich begleite sie in der vollen Überzeugung, dass die Lehrerin uns nahelegen wird, Wasilisa die zweite Klasse wiederholen zu lassen – so wie es bei mir vor dreißig Jahren der Fall gewesen ist.

Schon zu Beginn des Gesprächs fällt mir auf, dass ich kaum übersetzen muss. Olga scheint die Lehrerin gut zu verstehen. Wenn sie etwas nicht versteht, fragt sie nach. Ich bin stolz darauf, wie viel sie in den letzten vier Monaten gelernt hat. Für mich überraschend ist die Lehrerin zufrieden mit Wasilisas Entwicklung. Sie berichtet davon, dass Wasilisa in Mathe weiter sei als alle Schüler und Schülerinnen in ihrer derzeitigen Klasse. Nur der Wortschatz sei gering, aber auch da sehe sie Fortschritte und wolle sie in die nächste Klasse versetzen.

Nach dieser Neuigkeit ist Olga erleichtert und ich beschämt. Ich verstehe, dass ich die Situation nur aus meinem eigenen Blickwinkel gesehen habe und meine Erfahrung für die beste gehalten habe. Womöglich ist Wasilisas Weg ein anderer und aufgrund meiner Erfahrung in den letzten Monaten ist das für mich in Ordnung. Gott hat Unmögliches möglich gemacht und uns Situationen meistern lassen, von denen wir nie geglaubt hätten, sie jemals bewältigen zu können. Mit dieser Erkenntnis kann ich mich von Herzen für die kleine, fleißige Wasilisa freuen, der ich zum Schuljahresbeginn einen neuen Füller schenken möchte.

FLUCHTERFAHRUNGEN

Alexandra

Direkt zu Beginn der Sommerferien findet seit schon mittlerweile fünfundzwanzig Jahren die jüdisch-messianische Jugendfreizeit *Beth Simcha* statt. *Beth Simcha* ist Hebräisch und heißt übersetzt *Haus der Freude*. Es dürfen Jugendliche im Alter zwischen dreizehn und achtzehn Jahren teilnehmen und sie erleben während dieser Ferienwoche nicht nur Spaß, Action und Abenteuer, sondern auch Tiefgang und Gemeinschaft, die sie im Alltag oft vermissen.

In den Neunzigern waren die Teilnehmer dieser Jugendfreizeit Kinder von Einwanderern aus der Sowjetunion, die aufgrund ihrer jüdischen Wurzeln nach Deutschland kommen durften. Auch ich kam als Dreizehnjährige zu *Beth Simcha*. Beim Lobpreis sangen wir jüdische Lieder und in den Kleingruppen während der Bibelstunden wurde hauptsächlich russisch gesprochen. Das Besondere daran war, dass sich tiefe Freundschaften entwickelten, die bis heute noch halten. So sind sowohl mein Mann als auch meine zwei besten Freundinnen beide ehemalige Teilnehmerinnen von *Beth Simcha*. Wir teilten nicht nur den gemeinsamen kulturellen Hintergrund, sondern standen in Deutschland vor ähnlichen Herausforderungen und hatten somit sehr viele Gemeinsamkeiten. Mittlerweile haben mein Mann und ich mit zwei weiteren Freunden die Leitung dieser Jugendfreizeit übernommen, die zu einem ganz besonderen Herzensprojekt wurde. Mit der Zeit veränderte sich die Zielgruppe, wir wurden offener und es kamen immer mehr deutsche Kinder hinzu.

Einzige Voraussetzung ist die Bereitschaft, sich auf jüdische Elemente im Lobpreis und im Alltag einzulassen wie beispielsweise das gemeinsame Feiern des Sabbats am Freitagabend. Heute ist die Hauptsprache bei *Beth Simcha* Deutsch, am Lagerfeuer mischen sich zu den Gitarrenklängen aktuelle Charts aus Bluetoothboxen und aus Schnitzeljagd wurde Geocaching.

Dieses Jahr kommt eine Woche vor Beginn der Jugendfreizeit die Anfrage, drei ukrainische Mädchen mitzunehmen. Darüber müssen wir uns zunächst einmal im Mitarbeiterkreis beraten. Da wir nichts außer den Vornamen und dem Alter der Mädchen erfahren, fragen wir uns, ob sie aufgrund ihrer geringen Sprachkenntnisse und ihres für die restlichen Jugendlichen fremden Hintergrunds integriert werden können. Gleichzeitig haben wir die notwendigen Kapazitäten und wissen, dass gerade für diese Mädchen diese Woche zu einem prägenden Erlebnis in Deutschland werden könnte. Trotz unserer Bedenken sagen wir zu.

Bei einer ersten gemeinsamen Vorstellungsrunde mit allen Freizeitteilnehmern sprechen wir über unsere Erwartungen an die bevorstehende Woche. Nastja ist fünfzehn Jahre alt und sagt, dass sie froh sei, Abstand von ihrem Alltag und ihren Problemen nehmen zu können. Sie kommt aus einem Vorort von Kyiv und gehört dort mit ihren Eltern und ihren acht Geschwistern einer strengen Gemeinde an. Sowohl sie als auch die anderen zwei Mädchen haben einen christlichen Hintergrund, hatten aber bisher keinerlei Begegnung mit dem jüdischen Glauben und kennen keine der jüdischen Traditionen, die für uns so selbstverständlich sind. Trotz unserer Bedenken oder vielleicht gerade deswegen erleben wir, wie sich die drei Mädchen während unserer gemeinsamen Zeit verändern. Jede hat ihre eigene Geschichte und es ist für uns ein großer Vertrauensbeweis, dass sie diese zum Ende der Freizeit mit uns teilen.

Da sind zum einen Nastjas traumatische Erlebnisse. Nachdem die Bombardierung ihres Heimatortes nicht aufhörte, versteckte sie sich mit ihrer Familie im Keller ihres eigenen Hauses. Da Nastja die Älteste ist, konnte sie nicht am Onlineunterricht teilnehmen, denn sie musste aufpassen, dass ihre kleinen Geschwister beim Spielen im Garten rechtzeitig ins Haus gelangten, wenn wieder Luftangriffe gemeldet wurden. Sie hörte auf zu schlafen und zu essen. Als ihr Vater beschloss, dass die Familie fliehen würde, sprach sie kaum noch und zeigte deutliche Anzeichen einer klinischen Depression. Während der viertägigen Autofahrt durch Ungarn, Slowenien, Österreich und schließlich Deutschland schlief die elfköpfige Familie im

Auto, weil sie kein Geld für ein Hotel hatte. Da auch Nastjas Mutter mit der Situation überfordert war, musste sich das Mädchen während dieser Zeit um ihre anderthalbjährige Schwester kümmern, die während der Fahrt viel schrie, weil sie gerade zahnte.

Als Nastjas Familie endlich in der Nähe von Karlsruhe bei Bekannten ankam, teilten sich die Familienmitglieder auf. Die ältesten drei Geschwister wurden von einer Familie aufgenommen, während die anderen ein paar Häuser weiter bei einer anderen Familie untergebracht wurden. Besonders Nastja freundete sich mit der Gastfamilie an und sah in der Mutter eine echte Freundin. Durch sie und durch die Tatsache, dass sie wieder einen geordneten Alltag genoss, schlief sie in den folgenden Wochen immer besser und konnte essen.

Bei uns hat sich das Mädchen zu Beginn unserer Jugendfreizeit immer nervös umgesehen. Nun hat sie begonnen zu lachen, sie traut sich, mit uns im Freibad schwimmen zu gehen, und malt zum Schluss von jedem Mitarbeiter ein Porträt, das sie uns mit den Worten: »Jetzt weiß ich, dass alles gut wird!« übergibt.

Auch Lisas Geschichte ist dramatisch. Die Vierzehnjährige ist mit ihrer großen Schwester und ihrer Mutter aus Wyschnewe nach Deutschland geflohen. Wyschnewe ist eine nur wenige Kilometer von Kyiv gelegene Satellitenstadt mit vierzigtausend Einwohnern und sehr vielen Kirschbäumen. Vor acht Monaten wurde bei Lisas Mutter Krebs diagnostiziert. Für die Behandlung brauchten sie sehr viel Geld, das sie nicht hatten. Sie bekamen Spenden aus der Familie, von Freunden und Fremden. Als der Krieg ausbrach, konnte die lebensnotwendige Operation in der Ukraine jedoch nicht durchgeführt werden. Gleichzeitig wollte sich Lisas Mutter nicht von ihrem Vater verabschieden. Die ausweglose Situation zwang sie jedoch, nach Deutschland zu fliehen.

Während Nastja ihre Geschichte erzählt und ich sie den anderen Jugendlichen übersetze, schnürt es mir an dieser Stelle die Kehle zu. Ich kann mir vorstellen, welches Drama sich im Herzen dieses Teenagers abgespielt haben muss.

»Jetzt, fünf Monate später, ist meine Mutter krebsfrei.« So beendet Lisa ihre Erzählung und bei uns allen laufen die Tränen. Wir sind alle dankbar und glücklich, dass Lisa hier in Deutschland endlich aufatmen kann. Hier kann sie tun, was Teenager in ihrem Alter tun, und muss sich keine Gedanken darüber machen, ihre Mutter zu verlieren.

Auch Mira stammt aus Wyschnewe. Äußerlich unterscheidet sich die Sechzehnjährige kaum von den Teenagern in Deutschland. Mit ihr komme ich während einer gemeinsamen Wanderung ins Gespräch. Die Entscheidung, nach Deutschland zu fliehen, ist ihrer Familie sehr schwer gefallen, denn Mira hat einen achtzehnjährigen Bruder. Aufgrund der massiven Luftangriffe beschlossen ihre Eltern jedoch Anfang März, dass Mira und ihre Mutter gehen sollten. Miras und Lisas Mutter kennen sich von der Kirche, die sie beide besuchen. Daher beschlossen sie, auch gemeinsam zu fliehen.

Sie fuhren wie die meisten Flüchtlinge in den Westen der Ukraine und übernachteten eine Nacht bei Bekannten. Als aber auch dort Bombenexplosionen zu hören waren, entschieden sie sich, die Grenze nach Polen zu passieren und somit zunächst einmal die Entfernung zwischen sich und den Männern in der Familie zu vergrößern. Als sie in Polen ankamen, war es schon Abend, der Bahnhof war überfüllt von Menschen, die offensichtlich die Nacht dort verbringen wollten. Auf dem Boden war kein Platz und die kalten Märznächte machten die Aussicht auf mehrere Stunden im Freien sehr unattraktiv. Mira hatte nur ihren Schulrucksack mit ein paar Kleidungsstücken und ihrer Bibel dabei.

Da wurden sie auf einmal von einer älteren Frau angesprochen, die ihnen anbot, eine Nacht bei ihr zu schlafen. Die Frauen gingen mit ihren beiden Töchtern mit der Fremden mit. Später stellte sich heraus, dass diese Frau in dem Wunsch zu helfen zum Bahnhof gekommen war, aber nicht gewusst hatte, welche Hilfe genau benötigt wurde. Sie kam zur richtigen Zeit an den richtigen Ort, um Mira und ihrer Mutter und ihren Freunden eine Zuflucht zu bieten.

Obwohl Mira gerne Deutsch lernt und Deutschland mag, erzählt sie mir, dass ihr größter Wunsch die Rückkehr in die Ukraine sei. Durch das, was in seinem Land geschehen ist, ist ihr Vater kurz nach Miras Abreise zum Glauben an Jesus gekommen. Sowohl er als auch sein Sohn, Miras Bruder, haben sich freiwillig beim Militär gemeldet, um in den umkämpften Gebieten eingesetzt zu werden. Der Vater hat sich inzwischen taufen lassen und rechnet jeden Moment damit, eingezogen zu werden. Ihr Bruder muss dagegen noch auf seinen Einzugsbescheid warten. Mira wünscht sich nichts sehnlicher, als mit ihrem Bruder und den Eltern endlich gemeinsam an einem Sonntag die Kirche besuchen zu können. Sie will zurück, spätestens wenn sie volljährig ist.

Bei dem Gespräch mit Mira denke ich darüber nach, dass jede Entscheidung – sowohl die zu gehen als auch die zu bleiben – eine bewusste ist. Auch die Ukraine betreibt Kriegspropaganda und auf jeden Mann wird Druck ausgeübt, sich freiwillig im Militärbüro, dem sogenannten Wojenkomat, zu melden. Viele Menschen auf der Straße beäugen Männer im wehrfähigen Alter kritisch, wenn diese alltäglichen Dingen in der Stadt nachgehen, statt in einer Uniform an der Front die Ukraine zu verteidigen.

Kein ukrainischer Mann hat zurzeit das Recht auf Wehrdienstverweigerung, aber ist das nicht ein Menschenrecht, das diesen Männern damit verwehrt bleibt? Gleichzeitig sehe auch ich die Notwendigkeit, das eigene Land gegen den übermächtigen russischen Feind verteidigen zu müssen, und verstehe, dass die bewusste Entscheidung zu kämpfen weiterhin eine individuelle bleiben muss. Ich wünsche Mira, dass sie schon sehr bald mit ihrer Mutter, ihrem Vater und ihrem Bruder an einem Sonntag in die Kirche gehen darf.

SOMMERURLAUB

Alexandra

Sommerferien! Die Tage nach Olgas Umzug sind wie im Flug vergangen. Unsere Freunde und Bekannten freuen sich auf Urlaub, die Kinder freuen sich auf ein abwechslungsreiches Ferienprogramm und alle genießen die warmen Temperaturen des Hitzesommers. Es wird heiß diskutiert, ob dieser Sommer den Jahrhundertsommer 2003 übertreffen könnte.

Doch während die Urlauber sich über die Hitze freuen, beklagen Landwirte eine unterdurchschnittliche Getreideernte und Tierhalter befürchten Futtermangel. Hinzu kommt, dass die Gas- und Strompreise aufgrund der weltweit durch den andauernden Krieg ausgelösten Krise ansteigen. Auch der sogenannte Tankrabatt, bei dem die Energiesteuer auf Kraftstoffe gesenkt wurde, soll Ende des Sommers auslaufen. Deutlich scheint der Krieg nicht nur emotional, sondern auch wirtschaftlich bei uns angekommen zu sein. In meinem Umfeld wird von einem »harten, kalten Winter« gesprochen und das Thema Energie- und Wassersparen steht hoch im Kurs, nicht zuletzt wegen der steigenden Inflation.

Ende August bietet die Bundesregierung einen Tag der offenen Tür an und Bundeskanzler Olaf Scholz stellt sich im Garten des Kanzleramtes für Fotos mit den Bürgern zur Verfügung. Aus Protest gegen die Ablehnung eines Importstopps russischen Gases durch die deutsche Ampel-Koalition entblößen zwei Frauen ihre Oberkörper neben dem verdutzten Bundeskanzler. Mit schwarzer Schrift ist die Aufschrift *Gasembargo now* auf ihrer nackten Brust zu lesen. Das Bild geht viral. Die Kommentare zum Bild sind teils belustigt über die Reaktion des Bundeskanzlers, teils empört über die Dreistigkeit oder voller Bewunderung für den Mut der Frauen. Mir fällt auf, dass sich kein Kommentar zum Gasembargo an sich finden lässt.

»Ich bin müde von diesem Krieg«, beschwert sich eine deutsche Bekannte, »es dreht sich ja schließlich nicht alles um die Ukraine.« Andere Bekannte beschweren sich über die ständigen Waffenforderungen des ukrainischen Präsidenten, während wieder andere versuchen, sich in seine Position hineinzuversetzen. Der Krieg scheint in den letzten Wochen zu einem Small-Talk-Thema und einem Icebreaker bei Partys geworden zu sein, denn viele andere Themen scheinen an Aktualität zu gewinnen.

Am ersten Ferientag erhalte ich einen aufgeregten Anruf von Olga. Sergej wurde Arbeit angeboten. Er soll einen ukrainischen Regisseur bei einem Filmdreh in Montenegro unterstützen. Dafür erhält er eine dreiwöchige Ausreiseerlaubnis. Zwei Wochen muss er dort arbeiten und eine Woche hat er dann frei. Olga beschließt, mit Vera und Wasilisa zu ihm nach Montenegro zu fliegen. Zu diesem Zeitpunkt haben sie sich schon sechs

Monate nicht gesehen und an ihrer Stimme merke ich, dass sie alle Widrigkeiten auf sich nehmen würde, um ihn zu treffen.

Um Deutschland auf legalem Weg verlassen zu können, braucht Olga die Zustimmung des Arbeitsamtes. Diese erhält sie in mündlicher Form, die schriftliche Bestätigung wird nicht per Mail, sondern per Post versendet, was Wochen dauern kann, obwohl Olga nur fünfhundert Meter vom Arbeitsamt entfernt lebt. Sie reist ohne den Brief in der Hoffnung ab, dass dieser während ihres Urlaubs ankommt und sie ihn bei ihrer Wiedereinreise nach Deutschland wenigstens von uns eingescannt vorlegen kann.

Die abenteuerliche Reise mit dem Flugzeug und zwei Bussen dauert länger als vierundzwanzig Stunden, aber schließlich erhalte ich ein Foto, auf dem Olga, Sergej und die Kinder müde, aber vereint und glücklich in die Kamera lächeln. Im Hintergrund ist das Meer zu sehen. Ich frage mich, wie es ihnen wirklich geht. Sechs Monate, in denen Olga ihr Leben in Deutschland und Sergej seins in der Ukraine aufgebaut haben, können nicht spurlos an ihrer Beziehung vorbeigegangen sein. Zwei Leben, die sich leider nur während der Skypegespräche am Abend überschneiden.

Am nächsten Tag rufe ich Olga an. Sergej wird die nächsten zwei Wochen lang arbeiten müssen. Währenddessen vertreiben sich Olga und die zwei Mädchen die Zeit am Meer und mit Spaziergängen. Die gemeinsamen Stunden sind knapp, aber sie sind dankbar für alles, was sie kriegen können. »Wir sind hier eine Familie, so wie früher«, schwärmt Olga.

Nachdem Olga, Wasilisa, Vera und Sergej zwei Wochen in Montenegro verbracht haben, hat Sergej noch eine freie Woche, bevor er nach Kyiv zurückkehren muss. Er begleitet seine Frau und seine Töchter nach Deutschland, um zu sehen, wie sie jetzt leben. Hier verbringt er seine letzte Urlaubswoche, in der sich unsere gemeinsamen Treffen – wie schon mit Olga in den Wochen zuvor – mal wieder anfühlen, als wäre es schon immer so gewesen. Als hätte es nie einen Krieg gegeben, der Familien wie die unsere in einem Land auseinanderreißt und gleichzeitig in einem anderen zusammenschweißt. Und als wäre Sergej schon immer hier und nicht dort, hinter einer Grenze, wo ihn eine ungewisse Zukunft erwartet und ein Krieg im Land Menschenleben auslöscht.

Wie viele Väter in den Sommerferien fährt Sergej mit seinen Töchtern im Stadtpark eine Runde mit dem Fahrrad und motiviert sie zum Lernen. Er repariert den Schrank im Kinderzimmer und bringt die Lampe im Schlafzimmer an. Aber obwohl er weiß, dass seine Familie jetzt in Deutschland ist, kann er es sich schwer vorstellen, seine eigene Zukunft hier zu sehen.

»Es ist sehr aufgeräumt hier und fast schon menschenleer«, sagt er zu mir. »Ich empfinde diese Ruhe als unangenehm.«

Ich verstehe, dass sich das kleine, beschauliche Stuttgart trotz der stolzen Bezeichnung als Landeshauptstadt von Baden-Württemberg nicht mit einer Millionenmetropole wie Kyiv messen kann, was Menschenmengen und Hochbauten angeht. Aber genau das schätze ich an meiner Wahlheimat. Ich schätze die Ordnung, weil sie mir ein Gefühl von Sicherheit und Vorhersehbarkeit vermittelt. Ich bin es gewohnt, planen zu können, weil Straßenbahnen pünktlich kommen und Menschen sich Wochen im Voraus verabreden. Zugegeben, ich sehne mich auch immer wieder nach der ukrainischen Spontanität und der Offenheit, die Fremde schnell zu Freunden werden lässt. Das allerdings nur für einen Ausflug, höchstens für einen Urlaub, aber nicht, um für immer in der fremden Welt zu leben. Ich denke, dass es Sergej bei seinem Besuch in Deutschland genauso geht.

Einen Tag vor seiner Abreise wage ich es, die Frage zu stellen, die schon länger in meinem Kopf herumgeistert. »Wieso bleibst du nicht einfach hier?«, erkundige ich mich.

»Ich kann nicht, ich habe versprochen, zurückzukommen«, entgegnet er und aus seinem Tonfall höre ich heraus, dass er dieses Gespräch bereits mit Olga geführt hat. Er hat dem Regisseur des Films, der in Montenegro gedreht wurde, versprochen, dass er zurückkommt. Sollte Sergej nun im Ausland bleiben, würde der Regisseur Rede und Antwort stehen müssen und eine Strafe erhalten. Und mir ist auch klar, dass Sergej durch eine solche Entscheidung sein Heimatland für eine ungewisse Zeit zurücklassen müsste. Er dürfte nicht wieder einreisen, weil er sonst als unrechtmäßig Geflohener gelten würde. Seine Entscheidung steht fest und mir wird klar, dass diese nicht verhandelbar ist.

Sergejs Flug geht am frühen Morgen und Olga und die Mädchen bringen ihn mit der S-Bahn zum Flughafen. Es ist ein trauriger, dennoch ein bewusster Abschied. Diesmal werden sie nicht überraschend und willkürlich an einer Grenze getrennt, sondern entscheiden sich für ein Leben, das ihrer Überzeugung nach immer noch die Möglichkeit bereithält, nach Hause zurückzukehren, wenn der Krieg ein Ende nimmt. Nur kennen sie den Zeitpunkt nicht und somit ist auch dieser Abschied schwer.

Nachdem Sergej durch die Tür verschwunden ist, bleibt Olga noch eine Weile am Flughafen stehen und drückt ihre Töchter fest an sich. Sie hat in den letzten sechs Monaten nicht nur eine lange Reise nach Deutschland gemacht, sondern eine neue Sprache und eine ihr bisher unbekannte Kultur kennengelernt, in der sie zurechtkommen wird. Und sie ist sicher, dass es eine Zeit und einen Ort geben wird, wo ihre Familie wieder vollständig zusammenleben wird.

IST VERSÖHNUNG MÖGLICH?

Anatoli

Ukrainer und Russen können sich emotional nicht weiter voneinander entfernt fühlen, als es momentan der Fall ist. Das habe ich mittlerweile verstanden. Darüber hinaus frage ich mich aber – wie so viele andere auf beiden Seiten der russisch-ukrainischen Grenze –, ob es nach dem Ende eines solchen Dramas wie diesem Krieg jemals eine Aussöhnung wird geben können.

In diese Überlegungen hinein höre ich das erste Interview seit Kriegsbeginn, das Präsident Wolodymyr Selenskyj russischen Reportern gibt. In diesem Gespräch sieht er in die Zukunft und spricht darüber, was möglicherweise seiner Ansicht nach die nächste Generation erwartet. Er spricht davon, dass er zwar die Hoffnung habe, dass seine Kinder und Enkel eine friedliche Lösung finden und einen Weg der Vergebung gehen könnten, dass unserer Generation dieser Weg aber nicht vergönnt sei.[9]

Auch ich sehe, dass die aktuelle Situation alle Illusionen von einer friedlichen Zukunft im Keim erstickt. Dennoch habe ich eine Hoffnung auf Versöhnung. Diese gründet sich auf meine persönlichen Erfahrungen, die mit einem anderen Krieg zu tun haben.

Nachdem ich damals erfahren hatte, dass meine Verwandten im Babyn Jar ermordet worden waren, baute ich mir das Feindbild eines Deutschen, wie viele das wahrscheinlich nach dem Zweiten Weltkrieg getan haben. Ich wollte jemanden verantwortlich machen für den Verlust und die Trauer darüber, dass die Zukunft der beiden kleinen Kinder Mila und Dima, die grausam zuerst vollständig entkleidet und dann an einem Graben erschossen worden waren, ausgelöscht wurde. Ich wollte jemanden haben, den ich hassen konnte, um das Leid besser ertragen zu können.

Natürlich bin ich ein Nachkriegskind und habe all die Schrecken des Krieges nicht am eigenen Leib erlebt. Dennoch habe ich viele Jahre die Wunden meiner Vorfahren in meinem Herzen getragen und mich gefragt, wieso ich und nicht Mila und Dima das Privileg hatten, eine Zukunft zu haben.

Diese sogenannte Schuld der Überlebenden verfolgte mich und ließ sich auch nicht abschütteln, als meine Familie nach Deutschland einwanderte.

Doch dann hatte ich eine Begegnung, die so tiefgreifend war, dass sie einen Prozess der Versöhnung anstoßen musste. Nachdem wir schon zwei Jahre in Deutschland lebten, machten wir eines Tages einen Familienausflug in den Schwarzwald. Damals in den Neunzigerjahren kam der Trend auf, auf seine Heckklappe am Auto einen *Ichthys*-Fisch aufzukleben, um zu zeigen, dass man Christ war. Also tat ich das auch. Aber ich fand ein Symbol, das noch mehr als ein einfacher Fisch meine Identität und meinen Glauben zusammenführte. Es war ein Fisch, der mit einem siebenarmigen Leuchter – der Menora – und einem Davidstern verbunden war. Das war ein Zeichen für meine jüdische Identität im Glauben an Jesus als den versprochenen Messias.

Nach einem ausgedehnten Spaziergang kamen wir zurück zum Wagen und fanden dort eine alte Frau vor, die staunend mein Auto betrachtete.

»Was bedeutet dieser Aufkleber?«, frage sie mich verwundert.

Ich erklärte ihr, was ich damit ausdrücken wollte. Nach meiner Erklärung brach die Frau in Tränen aus und es dauerte eine Weile, bis sie sich beruhigt hatte. Dann erzählte sie mir, wie ihr Vater, selbst ein Christ, eine jesusgläubige, jüdische Familie während des Zweiten Weltkriegs versteckt habe. Als Deutscher hatte er sein Leben für seinen Glauben und seine Überzeugungen riskiert. Die Frau stockte bei ihrer Erzählung, bevor sie mir anvertraute, dass ihr Vater entdeckt und ermordet worden sei. Seit diesem Verlust hätte sie nie gedacht, dass jemals wieder Menschen jüdischer Abstammung in Deutschland leben würden. Vor allem war sie sehr davon beeindruckt, dass es in Deutschland wieder Juden gab, die an Jesus glaubten.

»Jetzt weiß ich, dass der Tod meines Vaters nicht vergebens war«, sagte sie zum Abschied.

Nachdem sie davongegangen war, stand ich noch eine Weile nachdenklich da. Bisher hatte ich es vermieden, Zeitzeugenberichte von Deutschen zu hören, denn ich hatte befürchtet, es würde meine alten Wunden wieder aufreißen und womöglich einen Hass meiner neuen Heimat gegenüber hervorrufen. Aber mit dieser Begegnung forderte Gott mich heraus. Er forderte mich heraus, mich diesen gut verschlossenen Erinnerungen und Fragen wieder zu stellen. Und vor allem gab er mir die Erkenntnis, dass viele Dinge erst später einen Sinn ergeben. Er hatte mich auch nach Deutschland geführt, um dieser alten Frau zu sagen, dass der Tod ihres Vaters nicht vergebens gewesen war. Dass Gott seine Geschichte immer weiterführt und dass er immer einen Weg findet, wo Menschen keinen sehen.

Der Prozess meiner Heilung und Versöhnung begann mit dieser alten Frau im Schwarzwald. Einige Zeit später forderte Gott mich weiter heraus, damit ich endlich das Thema Aussöhnung in Angriff nehmen konnte.

Im Rahmen meiner Arbeit beim *Evangeliumsdienst für Israel* werde ich als Gastprediger in unterschiedliche Gemeinden eingeladen. Eines Sonntags kam nach meiner Predigt ein Mann aus dem Saal auf mich zu. Ich sah schon von Weitem seinem Gang an, dass das ein Mensch sein musste, der seit vielen Jahren eine Last mit sich trug. Als er vor mir stand, seufzte er zuerst und ich sah, dass ihm das Sprechen schwerfiel.

»Ich war ein Nazi«, begann er seine Ansprache und mir stockte der Atem. »Ich habe viele schlimme Dinge getan. Vor einigen Jahren hat Gott mir die Augen für sein Wort geöffnet und die Liebe für sein Volk ins Herz gelegt. Ich habe Gott schon viele Male um Vergebung gebeten. Dennoch weiß ich nicht, ob er mir jemals vergeben wird.«

Ich stand immer noch unbeweglich da und spürte nur, wie mein Herz wild zu pochen begann. Ich verstand, dass meine Trauer über den Tod meiner Verwandten wieder an die Oberfläche kam, und konnte nichts dagegen tun. Der Mann streckte seine Hand aus und wollte meine schütteln. Aber meine Hand fühlte sich taub an und mir schossen tausend Gedanken durch den Kopf. *Ich kann nicht, ich will nicht, ich bin ein Verräter, wenn ich die Hand schüttle, durch die unschuldige Menschen sterben mussten.*

So standen wir. Mir war bewusst, dass ich reagieren musste, hatte aber keine Ahnung wie. Da kamen mir die Worte des Apostels Johannes in den Sinn, die ich laut zu diesem Mann sprach: »Wenn wir unsere Sünden bekennen, so ist er treu und gerecht, dass er uns die Sünden vergibt und reinigt uns von aller Ungerechtigkeit.« (1. Johannes 1,9; LUT).

Ich verstand, dass eine Versöhnung stattfinden musste, denn Gott selbst hatte diesem Menschen vergeben. Ich zwang mich, dem Mann meine Hand entgegenzustrecken, obwohl meine Gefühle verrücktspielten. In diesem Augenblick wusste ich aber, dass ich das Richtige tat. Das Richtige in erster Linie für mich selbst.

Nachdem ich seine Hand geschüttelt hatte, verabschiedete sich der Mann und ging zurück zu seinem Platz. Dabei fiel mir auf, dass sein Gang leichter und schwingender war. Auch er hatte in diesem Augenblick die Macht der Vergebung spüren dürfen.

Diese Handlung war kein einmaliger Akt und ich musste oft den Weg der konkreten Vergebung gehen und gegen die Gefühle des Hasses handeln. Aber nachdem ich einmal die bewusste Entscheidung getroffen hatte, es zu tun, durfte ich mich bei jeder weiteren Begegnung und bei jeder weiteren Überwindung ein Stück leichter fühlen. Das Gleiche konnte ich bei vielen anderen älteren Menschen erleben, die endlich Frieden mit ihrer Vergangenheit schließen wollten. Dabei sah ich Menschen, die ihre Schuld in der Hoffnung auf Vergebung Gott übergaben und endlich von der Last erlöst wurden. Ich sah aber auch andere, die vergeblich versuchten, sich selbst zu vergeben, zu verstehen und die Schuld kleinzureden. Das Kleinreden funktionierte aber nur bedingt. Beim nächsten Hochkommen der Erinnerungen an all die schlimmen Dinge, die sie getan hatten, mussten sie nur noch viel mehr Überzeugungskraft aufbringen. Meistens gelang das nicht und die erhoffte Beruhigung blieb aus.

Aus diesem Grund glaube ich, dass nur Menschen, die ihre Schuld vor Gott bringen, wirklich erleben können, wie ihnen eine Last genommen wird. *Denn Gott war in Christus und versöhnte so die Welt mit sich selbst und rechnete den Menschen ihre Sünden nicht mehr an. Das ist die herrliche Botschaft der Versöhnung, die er uns anvertraut hat, damit wir sie anderen verkünden* (2. Korinther 5,19).

Das Wort der Versöhnung Gottes scheint eine neue Dimension zu schaffen. Juden lebten vor dem Zweiten Weltkrieg als Deutsche in Deutschland. Sie sprachen Deutsch ohne Akzent und erzogen ihre Kinder nach deutschen Sitten und Bräuchen. Und dann kam ein Bruch, von dem man in Deutschland glaubte, sich nie wieder erholen zu können. Und dennoch stehen wir jetzt hier. Die Nachkommen derer, die niemals an eine Aussöhnung geglaubt hätten, leben gemeinsam in einem Land, das sie alle ihre Heimat nennen. Und wieder einmal beweist Gott, dass er Unmögliches möglich macht.

Von meinen persönlichen Erfahrungen ausgehend, habe ich mich gefragt, ob es allgemeingültige Voraussetzungen dafür gibt, dass Versöhnung möglich ist. Dabei sind mir zwei Dinge klar geworden. Um Versöhnung speziell für Russen und Ukrainer möglich zu machen, muss es zu einer neuen Herzenshaltung kommen. Dafür ist Jesaja ein gutes Beispiel.

Nachdem Jesaja eine Vision Gottes bekommt, in der er Gott mit Engeln sieht, die ihn anbeten und preisen, ist er zutiefst berührt und fragt sich, wie es ihm ergehen wird, wenn er Gott begegnet: *Mir wird es furchtbar ergehen, denn ich bin ein Mann mit unreinen Lippen, inmitten eines Volkes mit unreinen Lippen. Ich werde umkommen, denn ich habe den König, den Herrn, den Allmächtigen, gesehen!* (Jesaja 6,5).

Um einen Prozess der Versöhnung anzustoßen, braucht es die Erkenntnis, die Jesaja hatte. Die persönlichen und die Sünden des eigenen Volkes zu erkennen und auszusprechen, erfordert eine Menge Mut. Dabei ist es wichtig zu verstehen, dass wir die Veränderung der anderen Menschen nicht beeinflussen können, wohl aber die in uns selbst.

Nachdem Jesaja seine Unreinheit und die des Volkes, in dem er lebt, erkennt, erlebt er die Vergebung. Ein Engel berührt seinen Mund mit einem glühenden Stein vom Altar. *Jetzt ist deine Schuld getilgt; deine Sünden sind dir vergeben* (Jesaja 9,7b). Nun kann er die Stimme Gottes hören. Daraus kann man ableiten, dass nur unsere Umkehr die Bedingungen dafür schafft, Gott wahrnehmen zu können. Und nicht nur wahrnehmen, sondern auch danach handeln, denn dann berichtet Jesaja, dass Gott fragt, wen er senden solle. *Und ich sagte: »Hier bin ich, sende mich«* (Jesaja 9,8b).

Spannend ist an diesem Auftrag, dass Jesaja zu einem Volk sprechen soll, dass gar nicht hören will. Denkbar ungünstige Voraussetzungen für eine erfolgreiche Mission. Aber Gott wählt diesen Zeitpunkt und hält ihn für passend. Ich wage daraus abgeleitet zu behaupten, dass genau jetzt der richtige Zeitpunkt ist, über Versöhnung zu sprechen. Nicht erst, wenn ein Friedensvertrag vorliegt, sondern jetzt, wo keine der beiden Parteien, weder Russen noch Ukrainer, hören will.

Bemerkenswert ist außerdem die Tatsache, dass Gott zwar unendlich viele Engel zur Verfügung stehen, um seinen Auftrag auszuführen. Dennoch stellt er die Frage, wen er senden solle. Gott sieht den Menschen als Partner in der Erneuerung der Welt. Aber nicht jeder ist bereit zu sagen: »Hier bin ich, gebrauche mich!« Diesen Ausruf kennen wir sowohl von Abraham als auch von Isaak, Jakob und Samuel, denn damit begann Gott seine Geschichte mit diesen großen Persönlichkeiten. Das sind Menschen, die sich Gott bedingungslos zur Verfügung stellten. Das sind Menschen wie du und ich.

Der Frieden ist nicht erst seit Februar 2022 so wichtig geworden, wo uns bewusst geworden ist, wie wackelig das Fundament ist, auf dem er gebaut ist, sondern schon viele Tausende Jahre zuvor. Das jüdische Gebetbuch enthält im sogenannten Gebet *Amida*, das drei Mal am Tag gesprochen wird, die folgenden Worte: *Lass Fülle des Friedens für immer kommen über Israel, Dein Volk: denn Du, o König, bist Herr alles Friedens! Und lass es Dir wohlgefällig sein, zu segnen Dein Volk Israel zu jeder Zeit und Stunde mit Deinem Frieden! Gelobt seist Du, Ewiger, der segnet sein Volk mit Frieden!*[10]

Drei Mal am Tag betet jeder gläubige Jude um Frieden. Im jüdischen Verständnis ist der Krieg der Anfang der Erlösung und die Qualen dieser Welt werden mit Geburtsschmerzen des Messias verglichen. Aus diesem Gedanken heraus spricht Jesus in Matthäus 24,45-46: *»Wer ist also ein vertrauenswürdiger und kluger Diener, dem der Herr sein Haus und die Versorgung seiner Familie anvertrauen kann? Wenn der Herr zurückkommt und feststellt, dass der Diener seine Aufgabe zu seiner Zufriedenheit erfüllt, ist der Diener glücklich zu schätzen.«*

Ich wünsche mir, dass jeder, der dieses Buch liest, aus dieser Friedenstradition lernt und die Botschaft des Friedens an sein Volk weitergibt. Ich gebe den Friedenswillen Gottes an Juden und Deutsche weiter und wünsche mir, dass jeder das in seine Familie, seine Heimat und sein Land weiterträgt. Der Friede

Gottes gilt für Juden genauso wie für Deutsche und für Ukrainer genauso wie für Russen, denn durch Jesus gewinnt unsere Identität eine neue Dimension: *All denen aber, die ihn aufnahmen und an seinen Namen glaubten, gab er das Recht, Gottes Kinder zu werden* (Johannes 1,12). Die Identität eines Kindes Gottes ist unabhängig von seiner Herkunft, seinem sozialen Status oder seinen Vorlieben. Als Kinder Gottes können wir uns als eine Familie bezeichnen, in der sein Geist der Versöhnung und des Friedens herrscht – unabhängig von den politischen Ideologien dieser Welt.

Die Dimension der Identität als Kind Gottes hat mich nach langem Überlegen zu der Meinung gebracht, dass wir unabhängig von der Dauer der Kriege, speziell des Krieges in der Ukraine, an die Realität eines Friedens glauben können. Und noch mehr: Wir haben das Recht, vom Frieden zu sprechen. Die erste Vollversammlung des Weltkirchenrates im Jahr 1948 in Amsterdam formulierte nach dem Schrecken des Zweiten Weltkrieges eine einfache These: *Krieg soll nach Gottes Willen nicht sein*. Die bittere Realität zeigt uns aber, dass es immer noch Kriege gibt. Selbst Jesus machte uns keine Illusionen, denn er sagte: *Überall werden Kriege ausbrechen. Aber habt keine Angst – diese Dinge müssen geschehen, doch das Ende wird noch nicht unmittelbar darauf folgen* (Matthäus 24,6). Was erwartet er also konkret von uns in dieser schwierigen Zeit?

Spannend finde ich die widerstreitende Herangehensweise, die die Bibel bei diesem Thema wählt. An vielen Stellen in der Bibel wird davon gesprochen, dass sich Menschen bekriegen werden. Gleichzeitig werden die Nachfolger Jesu dazu aufgerufen, sich aktiv für den Frieden einzusetzen. Wie kann man nun diese Spannung aushalten und verstehen?

Wenn ich an eine Spannung zwischen Krieg und Frieden denke, fällt mir König David ein, der einerseits ein Krieger und Heeresführer war, gleichzeitig aber immer nach dem Frieden im Herzen suchte. So appelliert er an den Menschen: *Bemüht euch, mit anderen in Frieden zu leben* (Psalm 34,15).

Schalom ist das hebräische Wort für Frieden. Es ist mit dem Wort *Schalem* verwandt, was so viel wie Fülle, Ganzheit bedeutet. *Schalem* ist die Ganzheit, die nicht zerstört ist: Frieden im Herzen, Frieden in der Welt, Gesundheit und Wohlstand. Das hebräische Wort *Taschlum* stammt aus derselben Wortwurzel und bedeutet *bezahlen*! Daraus können wir ableiten: *Schalom* hat einen Preis. Und *Schalom* ist eine Belohnung. Eine Belohnung für diejenigen, die dem *Schalom* nachjagen. Nachjagen klingt nach Anstrengung, nach aktivem Tun und weniger nach zurücklehnen und darauf zu warten, dass etwas passiert. Doch gleichzeitig ist es Gott, der der Urheber des Friedens ist, wie es Hiob ausdrückt: *Herrschaft und Schrecken sind in Gottes Hand; er schafft Frieden in der Höhe* (Hiob 25,2). Die Idee der Partnerschaft Gottes mit dem Menschen ist also keine Erfindung der Neuzeit. Nach dem Vorbild Gottes im Himmel können Menschen Frieden auf der Erde schaffen.

Jemand, der sich um Frieden bemüht, ist ein Friedensstifter. Das griechische Wort εἰρηνοποιός (*Eirenopoios*) hat eben diese Bedeutung. Ein Friedensstifter in der frührömischen Religion war so etwas wie ein Botschafter, der bei einem Überfall auf eine Stadt die Aufgabe hatte, ein mit Blut getränktes Tuch als Warnung den Feinden hinzuwerfen. Die Warnung bestand daraus, dass von den Feinden eine sofortige Umkehr mit Buße erwartet wurde, sonst würde man mit Gewalt Gerechtigkeit wiederherstellen. Der Grundgedanke, dass Frieden nur hergestellt werden kann, wenn Gerechtigkeit herrscht, kann auch auf die heutige Zeit angewendet werden. Ich bin davon überzeugt, dass eine ungerechte Welt keinen Frieden kennt.

Auch für Jesaja führt der Weg zum Frieden über die Gerechtigkeit, denn *die Gerechtigkeit bringt Frieden. Sie lässt für alle Zeit Ruhe und Sicherheit einkehren* (Jesaja 32,17). Umgekehrt kann man also davon ausgehen, dass Friedensstifter, die sich nur darum bemühen, einem Konflikt aus dem Weg zu gehen, keinen dauerhaften, »echten« Frieden erreichen werden.

Und wenn ich mir schon Gedanken um »echten« Frieden mache, muss ich daran denken, wie für König David tatsächlich das Konstrukt des Friedens ausgesehen hat. Für ihn war klar: Frieden ist das Ergebnis des Gehorsams gegenüber Gott. Im Neuen Testament lesen wir, dass Frieden die Wiederherstellung der Beziehung zwischen Mensch und Gott bedeutet. Beide Sichtweisen sind ineinanderpassende und zusammengehörende Puzzleteile eines Gesamtbildes, denn spürbarer und sichtbarer Frieden ist nur dann möglich, wenn Menschen bewusst den Weg mit Gott gehen und Jesus als ihren Retter von Sünde annehmen. Das ist das, was Gott sich wünscht, und das ist eine Handlung des Gehorsams.

Aus diesem Grund bin ich auch davon überzeugt, dass keine andere Zeit als die jetzt dazu geeignet ist, sowohl Menschen in Russland als auch Menschen in der Ukraine das Evangelium vom liebenden und rettenden Messias zu bringen. Es ist der erste Schritt, um einen bestehenden, dauerhaften und stabilen Frieden zu schaffen.

Das sind meine Schlussfolgerungen aus ungewöhnlichen Geschichten, die mich immer wieder erreichen und staunen lassen – so wie diese: Ein Freund diente vor vielen Jahren in der israelischen Armee. Bei einem Einsatz im Gazastreifen lief seine Einheit durch schmale Gassen eines palästinensischen Dorfs, da ihnen Informationen vorlagen, die auf die Planung eines Attentats hindeuteten. In einem Hinterhof sahen sie einen Kleinbus und einen Mann, der hastig etwas einlud. Als sich mein Freund dem Mann näherte, stellte er ihn zur Rede und fragte ihn, was er mitten in der Nacht tue und wofür die Ladung im Bus bestimmt sei.

»Ich bin Pastor einer arabisch-christlichen Gemeinde und ich muss Neue Testamente auf Arabisch ins Haus bringen. Die sind für meine Gemeinde.«

Mein Freund war unschlüssig, denn er wusste nicht, ob er diesem Mann glauben konnte. »Glaubst du wirklich, dass Jesus für deine Sünden gestorben ist?«, fragte er geradeheraus.

»Ja, von ganzem Herzen«, antwortete der Palästinenser.

»Wie schön ist es, dich – meinen Bruder – hier zu treffen«, antwortete mein Freund und die beiden Männer umarmten sich. Ein israelischer Soldat umarmte einen Palästinenser in Gaza.

Gerade im Krieg machen mir diese Erfahrungen deutlich, was der Friede Gottes im Herzen eines Menschen bewirken kann. Ich lasse diese Erfahrung meines Freundes in Gaza exemplarisch stehen und warte darauf, dass Gott sowohl Ukrainern als auch Russen immer mehr solche Erlebnisse schenkt.

Ich lasse euch ein Geschenk zurück – meinen Frieden. Und der Friede, den ich schenke, ist nicht wie der Friede, den die Welt gibt. Deshalb sorgt euch nicht und habt keine Angst.

Johannes 14,27

NACHWORT: WIR SIND FAMILIE

Alexandra

Wenn ich an die vergangenen Monate zurückdenke, dann kommt mir immer wieder das Wort *Familie* in den Sinn. Und ich merke, dass das, was dieses Wort bedeutet, all die Mühen und Belastungen, die es ohne Zweifel gab, für mich wettmacht.

Ich nehme mir einmal bewusst die Zeit, zurückzuschauen und die verrücktesten Monate meines Lebens an mir vorbeiziehen zu lassen. Mir wird klar, dass ich seit dem Tag, an dem Olga bei uns angekommen ist, sehr viel dafür getan habe, sie in Deutschland zu behalten. Ich bin traurig geworden, wenn sie darüber gesprochen hat, dass sie nach Kyiv zurück wolle. Jedes Mal habe ich mich innerlich ermahnt, dieses Gefühl nicht zuzulassen, weil ihr Wunsch, in ihr altes Leben zurückzukehren, natürlich sehr verständlich war. Aber auch jetzt muss ich mir eingestehen, dass ich es nicht will. Ich will sie bei mir haben, ich will mit ihr ins Schwimmbad gehen, mit ihr Fahrrad fahren und all die Dinge tun, die man mit einer Cousine tut. Ich will all das nachholen, was uns aufgrund unserer Auswanderung nach Deutschland viele Jahre nicht möglich war und was wir trotz des Leids, der Verzweiflung und Hoffnungslosigkeit, die dieser Krieg gebracht hat, wiedergefunden haben: eine Familie.

Dieses Wort bedeutet für mich Angenommensein, Verbindung, Vertrauen und Liebe.

Ich bin mir sicher, dass noch viele Herausforderungen auf Olga warten, vor allem die offene Frage, wann und wo sie endlich wieder mit Sergej zusammenleben kann. Olgas Pläne reichen von einem weiteren Studium in Deutschland, um hier arbeiten zu können und finanziell unabhängig zu sein, bis hin zu einer Rückkehr, um wieder bei einem Fernsehsender in Kyiv arbeiten zu können. Bisher haben wir mehr Fragen als Antworten. Wenn wir aber auf die ersten Kriegsmonate zurücksehen, können wir klar erkennen, dass Gott Olga einen Weg bereitet hat, wo wir keinen gesehen haben. Diese Erkenntnis gibt uns die Zuversicht, dass sich neue Wege zeigen werden, sobald die Zeit reif dafür ist.

Und nun bin ich mir sicher, dass – sollte Olga die Entscheidung treffen, in die Ukraine zurückzukehren – wir unsere Verbindung über diese weite Entfernung hinweg werden bewahren können. Durch diesen Angriffskrieg habe ich nicht nur Angst und Leid erleben müssen, sondern bin zum Teil einer Familie geworden. Ich konnte Zeugin von Wundern werden, die ich niemals erlebt hätte, wenn ich in meiner Komfortzone auf der gemütlichsten Cordcouch der Welt geblieben wäre.

Sowohl Olga als auch mir ist bewusst, dass wir durch die zunächst ausweglose Situation einen Schatz gefunden haben, den wir nicht mehr hergeben werden: ein neues WIR. Wir mit unseren Kindern und unseren Ehemännern. Ein chaotischer und liebenswerter Haufen, der sich ständig streiten und versöhnen kann, wo Süßigkeiten niemals ausgehen und Abenteuer hinter jeder Ecke auf uns warten. Wo mehrere Sprachen gleichzeitig gesprochen werden und trotzdem jeder verstanden wird. Und wo weder die Abstammung noch die Nationalität zu einem Streitthema werden, weil der Wert der Familie, die uns geschenkt wurde, all das in den Schatten stellt.

DANKSAGUNG

Alexandra

An dieser Stelle möchte ich mich bei meinem Mann bedanken, der mich dazu ermutigt hat, dieses Buch zu verfassen. Ohne dich und deine unterstützende Wertschätzung hätte ich nicht den Mut gehabt, von den Wundern in unserem Leben zu berichten.

Anatoli

Ich bin immer noch überwältigt davon, wie groß die Hilfsbereitschaft seit dem ersten Tag des Krieges in der Ukraine in meinem Freundes- und Bekanntenkreis ist. Kaum ein Herz ist durch die Geschehnisse der letzten Monate unberührt geblieben und durch eure Unterstützung und eure Fürsorge konnten wir unsere persönliche Familiengeschichte in diesem Buch aufschreiben. Unsere Geschichte ist also auch die eure – die Geschichte eines jeden, der uns unterstützt und hinter uns steht. Danke euch für dieses unschätzbare Geschenk eurer Freundschaft!

ANMERKUNGEN

1   Instagramkanal der Washington Post (25. Februar 2022): https://www.instagram.com/p/CaYeam5t20W/?igshid= YmMyMTA2M2Y%3D (zuletzt abgerufen am 11. November 2022).

2   Videobotschaft auf Instagram (26. Februar 2022), von Alexandra Schechtmann übersetzt aus dem Russischen, siehe: https://www.instagram.com/tv/CacKzARgzQi/(zuletzt abgerufen am 11. November 2022).

3   Business Insider (25. Februar 2022): https://www.businessinsider. com/zelensky-told-eu-leaders-this-might-be-the-last-time-you-see-me-alive-2022-2 (zuletzt abgerufen am 11. November 2022).

4   Welt (28. September 2011): https://www.welt.de/kultur/history/ article13626902/Exekution-von-mindestens-50-000-Juden-vorgesehen.html. Deutsche Welle (29. September 2016): https://www.dw.com/de/die-ukrainer-wissen-heute-viel-mehr-%C3%BCber-die-trag%C3%B6die-von-babyn-jar/a-35911884 (beides zuletzt abgerufen am 11. November 2022).

5   Talmud, Menachot 53b

6   Mediendienst Integration: https://mediendienst-integration.de/ gruppen/judentum.html (zuletzt abgerufen am 11. November 2022).

7   Stuttgarter Zeitung (16. März 2022): https://www.stuttgarter-zeitung.de/inhalt.kriminalitaet-in-deutschland-polizei-registriert-hunderte-straftaten-gegen-russen-und-ukrainer.4d8a594a-73b8-462c-8d2d-7986f47a085f.html (zuletzt abgerufen am 11. November 2022).

8   Recherche- und Informationsstelle Antisemitismus: https://report-antisemitism.de/annuals/(zuletzt abgerufen am 11. November 2022).

9   In dieser Weise formuliert er es am 27. März 2022 laut dem Steno-gramm eines Fernsehinterviews, was er russischen Journalisten gegeben hat, siehe: https://meduza.io/feature/2022/03/27/eto-ne-prosto-voyna-vse-gorazdo-huzhe (zuletzt abgerufen am 11. November 2022).

10 Siehe: https://www.talmud.de/tlmd/der-deutsche-text-der-wochentagsamidah/(zuletzt abgerufen am 11. November 2022).